現代社会学ライブラリー 4

書物の環境論

柴野京子
Kyoko Shibano

Library of
Contemporary
Sociology

弘文堂

書物の環境論 | 目次

イントロダクション……………7

第1章 出版・読書・メディアをめぐって……………8
1. 本、出版、書物の本をさがす
2. 「出版」をめぐるパラダイム（1）——作り手と受け手
3. 出版をめぐるパラダイム（2）——アナログとデジタル
4. Publishingと出版——行為と技術
5. 活版印刷が媒介するもの

第一部　出版といういとなみ……………19

第2章 出版文化と商業主義……………20
1. 「出版文化」の不思議
2. 講談社の文化価値
3. 円本——商品化する教養
4. 岩波文庫の資本主義
5. グーテンベルクとベストセラー

第3章 出版流通の公共とジレンマ……………32
1. 出版産業の内外比較
2. 本をめぐる社会環境
3. 公的流通の系譜（1）——初等教科書による知のインフラ
4. 公的流通の系譜（2）——戦時の出版体制
5. 「公共的」なるものの可能性

第4章 本にとって価格とは／定価販売のメカニズム……………43
1. 「再販制度」についての復習
2. なぜ著作物は定価でもよいのか
3. 本の定価制はなぜ行われたか
4. 価格は本のありかたを規定する

第5章 雑誌と書籍のシンクロニシティ
/震災が変える構図…………55

1. 雑誌と書籍の知られざる関係
2. 近代メディアとしての雑誌
3. 多様な書籍のローカリティ
4. 関東大震災から出版の帝都へ
5. 補論として――東日本大震災と出版

第二部　デジタル・インターネット時代の出版…………67

第6章 「電子出版元年」の四半世紀
/作る技術と機械の本…………68

1. 21世紀の「電子書籍元年」
2. コンピュータで出版する
3. 電子のパッケージと機械の本
4. 電子のガリ版
5. 書く道具としての「ケータイ」
6. 電子書籍を自作する

第7章 デジタル機器で本を読む
/電子書籍の流通デザイン…………80

1. 読書の近未来イメージ
2. 電子を本に近づける
3. 電子書籍リーダーの受難と復活
4. 電子書籍の流通デザイン
5. 電子書籍ビジネスと電子出版

第8章 ビジネスと図書館のあいだ
/グーグルとデジタルアーカイブ…………92

1. デジタルライブラリーとグーグルブックス
2. グーグル問題と争点
3. 国立国会図書館のデジタルプロジェクト
4. デジタルという変数

第9章 デジタル化する知のシステム……105
1. 大学図書館とジャーナル
2. 学術論文のしくみ
3. 電子ジャーナルへのアクセスと公開
4. デジタル環境で学問する

第三部　本と出会う空間……117

第10章 インターネットで本を買う／アマゾン化する空間……118
1. インターネット書店の定義
2. なぜアマゾンなのか？
3. 「本の検索」システムとその転回点
4. インターネット書店がもたらしたもの

第11章 書店空間のメディアスタディ……129
1. 書棚あらわる
2. 個人空間と書棚
3. 開かれた平台の空間
4. 書棚はめぐる

第12章 本を選ぶこと、本が集まること……140
1. 「リアル」書店を再現する空間
2. 場所と人が意味を決める
3. 一箱古本市の集まり方
4. 本が集まるということ

【文献ガイド】……152
【出版や本について調べる・考える】……154

イントロダクション

第1章 出版・読書・メディアをめぐって

1．本、出版、書物の本をさがす

　本や出版、書物について書かれた本を図書館でさがすのは、さほど難しいことではない。こうした本は十進分類の０番台「総記」のところに集められている。図書館や図書館学に始まり、本の歴史やエッセイ、書評集、本の編集、販売というふうに分野が分かれていて、そこに行けばひととおりの周辺領域を見わたすことができる。０番台の棚は、たいていフロアの端にあるので覚えやすく、あまり迷わずにたどりつける、というメリットもある。

　ただし、同じ本をいざ書店で探そうとすると一筋縄ではいかない。第一、「本」がどういうジャンルに相当するのかわからない。たとえば電子書籍に関する本の多くは、ビジネスかコンピュータのあたりでみつかるだろう。電子書籍はいま「ホットな話題」だから、各社からたくさん出されている新書や、雑誌の特集号もチェックしたほうがよい。だが同じ本に関する本でも、書誌学やヨーロッパの書物史はまったく違うカテゴリーになる。書評なら文芸エッセイかもしれないし、編集者、出版社ものはジャーナリズムだろうか。よほど大きな書店や特殊な店でない限り、本や出版の本が図書館のように集まっていることはない。しかもその配置は、内容や対象というより、おそらくは書き手がどういう人であるかによって決められているようだ。

このことは、本や出版への興味とも無縁ではない。この本を手にしたあなたは、少なからず本や出版について関心があるのだろうが、それはどのような観点からの、何についての関心だろうか。この本を書店で見かけたのなら、社会学のコーナーの「現代社会学ライブラリー」というシリーズの一冊としておかれていたのを、なんとなく手にしたのかもしれない。そして、残念ながらあなたの考えていたような内容ではなかった可能性も多分にある（だから、棚にもどすところかもしれない）。「本が好き」という人と話をしてみると、相手の好きな本が、自分の考えてもいないような「本」であったりすることがままあるが、本の多様性とおなじくらいに、本や出版や書物というテーマ、アプローチは多様なのだ。

　あまりに多岐にわたるので、そのすべてを網羅するのはたいへん難しい。けれども、これから本や出版を考えていくためのイントロダクションとして、代表的ないくつかを確認しておくことは重要だ。そうすることによって、自分が何を知りたいのか、人は本や出版について何をいわんとしているのか、おおまかな地図を描くことができる。分類のしかたとしては、産業論なのか出版史なのか……、といったやり方も考えられるが、ここではアクチュアルな関心から、ふたつの切り口に注目してみたい。まず作り手・受け手に主軸をおいたもの、次に、デジタル・アナログ技術を論点としたものである。

2．「出版」をめぐるパラダイム（1）——作り手と受け手

　作り手を扱う代表は、マスメディア・マスコミ、ジャーナリズム研究といわれてきたものである。出版社や編集者などを対象としており、当事者が記述したケースも珍しくない。したがって、内容は本づくりの哲学と仕事の上でのエピソードをまじえたものが多い。

出版社の場合は、「出版人」である創業者の立志伝と社の歴史を重ね、ストーリー仕立てにしたものが、洋の東西を問わずよくみられる。社主ではない編集者の本も、一部の例外をのぞいてはこれに近いもので、作家や学者とのつきあいなど、より個別的な経験談が中心になる。過去のベストセラーや、一世を風靡した雑誌などを裏話・世相史的に綴ったものも、これに類するだろう。作り手研究は、いうなれば一種の業界研究だが、それじたいを「証言」の資料とみなして、作家論や文壇・論壇研究、広い意味での読者研究などに用いることもある。

　いっぽうの受け手論としては、読者研究、読者論とよばれる領域がある。読者分析というと、新聞や雑誌、シンクタンクなどが行うリポートのようなものを思い浮かべるかもしれない。ただし、このようなマーケティング分析による読者像は、「売れている本の傾向から推定した読者」であるので、むしろ作り手側に立ったものというべきだろう。

　実態から読者をさぐりだす方法として、比較的よく行われているのは、雑誌の投稿欄によるものだ。今ならブログやツイッターのログをとる、というやり方もありうるが、かつて出版社が読者像を知るのに用いたのは、雑誌なら「おたより」や似顔絵などの投稿欄やプレゼントつきのアンケート、本なら読者カードが一般的だった。もちろん、投稿する人のタイプが限られていることや、掲載にあたって編集部のバイアスがかかっていることは前提にしなければならないが、それらの問題をきちんと補ってあげられた成果も少なくない。

　より大がかりには、地方に残る書店の台帳やさまざまな記録など、貴重な一次資料を丹念に調べて、当時の読者、読書のありようにせ

まろうとするものもある。受け手側からのアプローチは、作り手に比べれば後発だ。作り手にくらべて、圧倒的に記録や資料の乏しい「受け手」研究はたいへん手間もかかって難しいが、それだけに労作も多い。

しかしながら、作り手－受け手は独立してあるわけではなく、相互に影響しあって成立している。さらにいえば、その区分も意外にあいまいなのだ。

例として、コミックマーケットを考えてみよう。コミックマーケット、通称「コミケ」は、書店などで売られる商業出版物ではなく、同人誌を交換する催しである。近年では、音楽のインディーズのように、あえてここを市場に選んで活躍する書き手や、専門に売る業者も出てきているので、ビジネスとしてとらえたほうがよい部分もある。それでも基本は同人誌であって、売り手と買い手、作り手と受け手の境目がないところが最大の特徴だ。コミケの出展者は自分で作品を作り、グループで販売するが、イベントの開催中にはほかの店を回って買い手にもなる。売場を出さない人たちも、プライベートにマンガやイラストを描いているかもしれない。

第6章でくわしく検討する、ケータイ小説も似たところがある。ケータイ小説は、10代から20代の女性を対象とした物語である。過剰にドラマティックな展開や、極端な分かち書きなど、形式的な特徴もあるが、ここではコミケ同様、作者と読者がほぼおなじフィールドにいることに注目したい。ケータイ小説配信サイト大手の「魔法のｉらんど」は、そもそもブログやホームページを簡単につくるためのサービスで、ケータイ小説はこれとパラレルに生み出されたものだった。ケータイ小説のような物語は、思春期の少女が、これまで交換日記や手紙をとおしてつむいできたものの延長線上にある。

ケータイのネットワークに登場するのは見知らぬ人だが、少女たちは友だちの手紙を読むようにそれを受容し、そこに書き手と読み手のはっきりした垣根はない。

　そうしてみると、読者研究のところで示した雑誌の投稿欄や懸賞小説のなかにも、これとよく似た構造が見出せることに気づく。ヴァルター・ベンヤミンは1930年代に書かれた代表的論文「複製技術時代の芸術作品」のなかで、19世紀末、新聞や雑誌の拡大とともにそれまでの読み手が少しずつ書き手に加わり、さらに日刊紙が投書欄を設けたことによって、少数の書き手と多数の読み手という書物の構造が変化したことを指摘し、次のように続けている。

　　このことによって、著者と公衆とのあいだの区別は、その原理的な性格を失いつつある（ヴァルター・ベンヤミン『複製技術時代の芸術作品』）。

　コミケやケータイ小説、また戦後生まれの「団塊の世代」が支える、最近の自費出版ブームなどは、ベンヤミンの指摘がよりいっそう目に見える形であらわれたものだ。このように、作り手と受け手とは、単に生産－消費の関係からひとくくりにされるものではなく、また、どちらかに固定化されたものでないことをも、常にどこかで意識しておく必要がある。

3．出版をめぐるパラダイム（2）――アナログとデジタル

　現代の出版にとって、デジタル化はいうまでもなく避けて通れない問題だ。とりわけ大きなきっかけとなったアップルのタブレット型端末「iPad」が発売されてからは、電子出版がにわかにクローズ

アップされるようになった。マスメディアでは繰り返しこのテーマがとりあげられ、関連書籍も多数出版されている。どの端末が有望なのか。どのくらいの市場になるのか、おもなユーザーは誰か。紙の本や書店、「活字文化」は亡びる運命にあるのか、などである。

仕事として本や出版に携わる人は、もちろんこの問題について、ある程度の現実的な見通しを持たなければならない。第7章でもふれるが、時期についてはともかく、出版産業としての電子出版問題は、論点が整理されてきつつある。基本的には「来るべき日への準備」というスタンスであり、いずれも産業の枠組みに沿った具体的なものだ。ただし、内容が専門的なので、一般の人にはあまりピンとこないかもしれない。多くの人々の関心は、とどのつまり「デジタル本は紙の本にとって代わるのか？」「それはいつごろで、そうなると何が起きるのか？」に集中しているからだ。

では、多くの人が知りたがっている「いつごろ何が起きるのか」にこたえるには、どのような回答を用意すればよいのだろうか。求められているのは「見通し」のようにもみえるが、出版業者のような現実感をともなう「見通し」ではない。そこにあるのはたぶん、未知のものに対する期待まじりの畏れと、これまであたりまえに思っていたことが失われるのではないかという不安である。電子出版は便利そうだし、何か画期的なことが起きるのは楽しみだが、それと引きかえに、何かかけがえのないものを手放したくはない。

そうだとすれば、ほんとうに大事なテーマは「デジタルがアナログを凌駕するかどうか」ではないのではないか。むしろ「手放したくないもの」のほう、すなわち「本や出版が私たちの生活に果たしてきた役割や機能とは何か」というところにあるのではないだろうか。書物のデジタル化に対する論調は、楽観的にこれを肯定するも

の、運命であるかのようにあおるもの、悲観するもの、現実対応をよびかけるものなどさまざまある。「ああなる、こうなる」という道筋を、明解に描いてみせる論者もあるだろう。だが本や出版が何であるのか、自分が何を知りたいのかをわからないままに、そういうものをいくら読んだところで、理解した気になるだけで問題は解決していないはずだ。

　たとえば、アナログは不便でデジタルは便利だから、デジタル化に分があるのは当然だ、というロジックがある。それは一面正しいが、もしここに何かひっかかりを感じるのなら、肯定するにせよ、反論するにせよ、自分でひっかかりをほどいてみなければいけない。すると、どうしてもアナログからデジタルへという直線コースを一度はずれて、出版について考えることになる。回り道のように思えても、本や出版のデジタル化をとらえるいちばんの近道は、本や出版そのものを理解することなのだ。

4．Publishing と出版——行為と技術

　ではその第一歩として、「出版」をことばから考えてみることにしよう。出版は英語で publishing という。動詞は public から派生した publish で、公にする、知らしめるという意味がある。したがって、英語の出版すなわち publishing は、「世に出す」という理念的な行為をさしている。これに対して日本の「出版」は、文字どおりに読めば「版を出す」である。版とはもちろん印刷につかわれる「版」だが、かつては「出板」という字があてられた。これは、日本の出版技術の中心が版木によるものだったことをあらわしている。本を刊行することを「上梓する」というが、梓は版木に適した木材であることに由来する。

このように、日本の「出版」ということばが、publishing のような理念的な行為ではなく、ものや技術に由来していることはたいへん興味深い。もっといろいろな言語を調べれば、さらに意外な発見もあるかもしれない。だが、publishing と出版のふたつだけをとっても、公にする、知らしめるという理念的、あるいは政治的な行為と、紙に刷るための版木を起こすという技術的、または産業的な行為とが、ともに出版の意味とされていることは、大いに示唆的といえるだろう。なぜなら、このふたつは出版をメディアとして考える場合の要素そのものであるからだ。

　メディアとして考えるとはどういうことだろうか。メディアということばは、「メディアの責任」などという文脈で、新聞やテレビなどの「マスメディア」をさして使われることがある。また家電量販店などでは、DVD や SD カードなどの記録媒体を「メディア」とよぶ。しかしここでいうメディアは、このような特定の事物を示す「メディア」ではなく、「媒介する」という機能をあらわす単語としてとらえてほしい。そこでまたひとつ、重要な例をひこう。メディアの意味を知るために世界でもっとも有名な事例は、グーテンベルクの活版印刷である。

5．活版印刷が媒介するもの

　ドイツ・マインツの金属加工業者であったヨハネス・グーテンベルクが、活版印刷を発明したのは 1450 年ごろとされる。活版印刷技術の起源については、ひとりグーテンベルクの功績ではないとする説もあるが、この稿の目的ではないので詳細は追わない。ともあれ活版印刷の画期的だったのは、出版の大量生産を可能にしたことであると理解されている。これじたいは、むろん誤りではない。

活版印刷以前、ヨーロッパの書物は手書きで書き写す「写本」に多くを頼っていた。書物の生産を担っていたのは教会と修道院で、その次に加わるのが大学だ。したがって、出版物の中心は聖書とテキストである。写本はたいへん手間も時間もかかるが、集団で製作する体制ができるにしたがって、これを専門に行う者や、マスターコピーを貸し出す業者など分業も進み、ひとつの産業としてそれなりにシステム化されていた。けれども、一度にたくさんのコピーを作れるわけではない。ことばはラテン語であったし、書物を読んだり書き写したり、まして所有するなどはごく限られた範囲での特権的なことがらだった。

　これを変えたのが活版印刷だったというわけだ。活版印刷や、のちの写真、映画、レコードのように、文化的な事象のコピーを機械的に作成する技術は「複製技術」と呼ばれる。

　本の場合は、活版印刷以前に紙の発明も重要だが、たしかに書物が多く作れるようになれば、その分普及しやすい。書物が手に入りやすくなれば、ものごとを知る機会が増え、知識量も増す。たとえば宗教などにおいては、それまでのように聖職者から口伝えに教えをきかなくても、書物から直接読むことが可能になる。グーテンベルクが最初に印刷したのも、そのレイアウトから42行聖書と呼ばれる聖書だが、宗教の目的が「公に広める、知らしめる」ことであるなら、大量出版の技術はまさにそれを「媒介する」ものとして機能したといえるだろう。同じように、学問や技術、広い意味での知識を広め、知らしめたのがテキストとしての出版物であることはいうまでもない。

　しかし、活版印刷が媒介したのはそれだけではないのだ。

　活版印刷というのは、文字の大きさと同じ断面をもつ、細長い金

属棒の先に文字を彫り（活字）、これをひとつずつ箱に並べて文字列をつくり、版を起こして印刷（プレス）する、という技術だ。このような作業を想像すればわかることだが、小さなスタンプ状の活字を並べ、一つのページに文字を収めるためには、いくつかの工夫が必要である。まず、文字が一定であること。大きさのつりあいがとれていること。もちろん、誰にでも読める文字であること。エリザベス・アイゼンステインが『印刷革命』のなかで示唆した、重要なポイントのひとつ、標準化である。

　五十音でもアルファベットでも、最初にことばを習うときには、必ずといっていいほど文字の一覧表が使われる。あの一覧表には「正しい文字」が書いてあり、まずそれを覚えることが言語への入口だからである。けれども、人が書く文字にひとつとして同じものはない。写本の時代、文字とはそのようなものだったはずだ。しかし活字ができたことによって、文字のバリエーションは徐々に減らされる。小学校の低学年のころ、正方形が破線で区切られた練習帳に、いくつも同じ字を書かされたことを思い出せば、全体のバランスや長さ、ハネやテンの位置に気を配らなければならなかったあの四角形の源流を、小さな活字の先端に見出すことは難しくない。

　つまり、活字の製作を通してパターン化された文字が、いつしか「正しい形」という概念をうみ、自明のこととして認識されてゆくのである。このように、印刷された本はただ内容を伝播させていくだけではなく、ものごとを規格化し、標準化する役割も果たした。

　活版印刷による標準化は、書物がラテン語ではなく「自国語」で刊行されるようになったことによって、今度は文法や表記など「国語」そのものにも向けられてゆく。このように、活版印刷による出版物は、一度にたくさんの荷物を運ぶ乗りものとしてすぐれていた

以上に、社会全体のシステムや人々の日常生活を変える力をもっていた。『印刷革命』(原題：The Printing Revolution) というタイトルの意味はそこにあるのだし、「メディア」の技術には、これだけのスケールで影響を及ぼす可能性が宿っているのだ。

書物のデジタル化は、活版印刷に匹敵するメディア技術として、しばしば「21世紀のグーテンベルク」にたとえられる。けれども、こうしたメディアの意味に目をこらさずに、ただ「便利さ＝省力化」というものさしでデジタル化を片付けてしまっては、あまりにもつまらないし、じゅうぶんな洞察であるともいいがたい。

本書では、本や出版にかかわるトピックを、いくつかのテーマに分けて考えてゆくが、すべてに共通するのは、それが社会にとってどのような「メディア」として働いたのかという視点である。すなわちこの本の目的は、出版という産業やデジタル化など具体的な事象の輪郭を解説しながら、いっぽうで従来の出版論から少し論点をずらし、メディア論としてこれを観察することにある。

第2章から第5章までは第一部とし、紙メディアによって耕された出版産業の基本的な構造について、文化と商業主義、出版流通の公共性、出版物の価格、形式などから考える。ここでは、現行のしくみと歴史的な背景の両方から考察を行う。第6章から第10章までは第二部として、出版のデジタル化をテーマとする。つくる技術としての電子出版、読むことと流通、グーグルとアーカイブ、電子ジャーナルの4つのトピックが用意される。第三部はインターネット書店、近代、現代からなる書物空間のメディア論である。

なお本書で紹介する文献は、現時点で手に入りやすい版を基準にした。

第一部
出版といういとなみ

第2章 出版文化と商業主義

1.「出版文化」の不思議

 「出版文化」ということばがある。あたりまえのように使われているので、何となく納得して通りすぎてしまう。だがほんとうのところ、それがどのような実態を称しているのかは人それぞれの解釈で、意味が共有されているとは思えない。とくにわからないのが「文化」が示す内容だ。

 著書『文化と社会』でイギリス文化研究の理論的な基礎を築いたレイモンド・ウイリアムズは、"culture" という語がいつどのように使われてきたかを調べ、3つの用法を示している。ウイリアムズによれば、"culture" は①知的、精神的、美的発展の一般過程、②ある国民や時代や集団の特定の生活様式、③知的、そしてとくに芸術的活動の作品や実践、という意味で使われた(『キイワード事典』)。①と③は区別できないところもあるのだが、ウイリアムズは「文化」という語を整理して、「とは××である」というふうな特定の概念にまとめようとはしていない。彼が強調するのは、こうしたことばの使われ方にあらわれる重複や矛盾に目を向けることであって、それによって「さまざまの用法がそれぞれの意義をこめて示している諸問題」を見ようというのである。

 「出版文化」に関しても、ウイリアムズのねらいは正しいといえそうだ。出版という行為や技術をひとつの様式と考えれば、まがう

かたなく「文化」であるといえる。いっぽうで、出版が媒介しているのが知的に高級な、芸術的なことがらであるという認識も「出版文化」の中にはひそんでいる。さらに「出版文化」と誰かがいうとき、そこにはきっと産業としての出版に対する文化意識──「文化の担い手意識」が含まれている。つまり「出版文化」には、「知的な文化を媒介する様式としての文化、を担う集団としての文化」という三重の「文化」が存在している。ウイリアムズにならえば、この複雑さが、文化産業としての出版の複雑さをあらわしているといえるだろう。

けれども実際には、「出版文化」や「文化産業」に立体的な視点が向けられることは少ない。たとえば、しばしばきかれる例として次のようなものがある。いわく、「文化産業というが、今の出版社は本当に文化に値するようなものを出しているのか？」。

このような批判は、出版に限らずテレビや映画など「文化産業」ではたびたび繰り返される、ひとつのパターンである。年長者ばかりでなく若い人にたずねても、意外に同じような価値観が共有されている。「出版文化」ということばに対して人々がもつ概念は、どうしても「良書」というところにくくられがちだ。それはひとつの価値観として尊重すべきことではあるが、そこにとどまってしまうと、見えるものは限られてしまう。そうならないためには、何か見えにくいものを見るための工夫が必要になる。

そのアイデアとして、良書の反対側にあるものをあえて持ち出すことを提案したい。といっても悪書ではない。出版の質の低下を問題にする議論の標的は、じつは出版物ではなくて、そういうものばかりが出てくる状況にある。ひとことでいえば、良書主義の対立項は商業主義ということになる。良書からのアプローチが行き詰って

しまうのなら、商業主義のほうから攻めてみたらどうだろう。それはやはり「文化」を損なっているだろうか。この方向から、ステレオタイプではない出版文化を知ることはできないだろうか。

2. 講談社の文化価値

　出版の商業主義に対する問題は、大衆化というテーマと結びついている。たとえば日本では、大正末期から昭和初期にかけて、出版の大衆化と商業主義とがしばしば俎上にあげられた。この時代、講談社のメガ雑誌『キング』や円本、文庫本のような大量部数の出版物があらわれて、出版市場が急激に拡大したからだ。

　講談社の月刊誌『キング』は、社長の野間清治が5年の歳月をかけて準備した一大プロジェクトである。講談社は明治42（1909）年に『講談倶楽部』の創刊をもって創業した。前年に設立した大日本雄弁会（『雄弁』）との二本立てである。日露戦争の勝利も手伝って、近代の新しいメディアとして登場した雑誌が大きく市場を獲得した時期にあたる。現在は日本を代表する総合出版社として知られる講談社だが、戦前は娯楽とともに立身出世や修養を説き、知識階級ではない庶民をおもな読者とする雑誌社だった。

　「面白くてためになる」がモットーの『キング』は、老若男女がたっぷりひと月楽しめるボリュームと割安感を売り物に、大正13（1924）年の暮れ、満を持して創刊された。創刊号は50万部、破格の部数である。この50万部を売るために、『キング』は派手な広告宣伝を行っている。広告宣伝はもともと講談社の得意とするところだったが、『キング』では書店への手紙、新聞広告、ポスター、ビラは言うに及ばず、店頭用ののぼりをつくり、チンドン屋まで動員、あらゆる手がつくされた。その甲斐あって創刊号は完売し、部

数はやがて100万部にまで達する。いま100万部を超える雑誌は、週刊の少年マンガ誌など数えるほどしかなく、まして総合雑誌は皆無である。『キング』はまさに国民雑誌だった。

たが知識人や同業者のなかには、こうした露骨な商業主義を称して「ヤシ的出版社」「赤本屋」と揶揄するものも少なくなかった。ヤシ（香具師）とは露店商のことで、ことば巧みに人心をあやつって物を買わせる様子をたとえたものだ。露店では、実際に売れ残りの本や雑誌を口上つきで売りさばく商売（特価本屋）も存在していて、出版社とは持ちつ持たれつの関係にあった。

いっぽうの赤本とは、けばけばしい表紙をほどこした通俗的なよみものや、玩具的な絵本をいう。暦、すごろくなどもこの類で、明治以前から日常的に消費されてきたものだが、その大衆性ゆえに「本来の」出版とは区別され、扱う業者も「赤本屋」と蔑まれた。

赤本の特徴は、たしかに徹底した商業主義にある。まず、製作には時間も費用もかけず、すでにできた版を買うこともあったし、適当に組み合わせて新しそうなものを作ったりもした。売れるものをめざとく見つけて短時間に作り、売り抜けてしまうのが赤本という商売で、「文化的な価値」などは問われない。海賊版にも似たところがあるが、反面でどの国にもあるこのような出版物は、書店もないような町の小間物屋の店先で、あるいは行商や市で、末端の読者に本を手渡す役割を果たした。後の章でもふれていくことになるが、日本ではこれが書店で売られていたことが、出版産業そのものに大きな影響を与えることになる。

おそらくそのことをもっともよく理解し、みずから示したのが講談社だったといえるだろう。講談社の歴史をみてゆくと、赤本から転用された出版物をいくつもみつけることができる。まず社名にも

なっている「講談」は、明治なかばから大正にかけての赤本がもっともよく扱った素材のひとつである。武侠伝や人情ものなど、通俗的な物語を話術できかせる講談を速記におこし、のちにはそれを書き下ろした講談本は庶民に人気があった。

また、『キング』の翌年に創刊した『幼年倶楽部』という絵雑誌は、赤本の牙城といわれた分野で例外的に成功し、のちの『講談社の絵本』を生む。紙の組み立て模型など、雑誌につけられるふろくも、赤本として売られていたものを取り入れたといえるだろう。ついでに加えれば戦後においても、ヤミ市の中から育っていく赤本マンガや貸本マンガの市場は、『少年マガジン』のようなメジャーなマンガ雑誌がさらってしまう。

このように、赤本的なものを大きな資本でシステマティックに展開してきたのが講談社である。したがって「ヤシ」「赤本屋」という呼称は、実態からしてもまったく的を射ているのだが、今となっては講談社の出版の歴史に「文化的価値」を見出さない者はいない。

講談社にとっての「大衆」は、通りすがりの消費者ではなかった。講談社は、「大衆」を自社のメディアのなかに囲いこむことによって実体化した。市井に埋もれてしまうような他愛のない文化を、資本の力で「大衆文化」につくりあげたのが講談社だった。『キング』にみられるような極端なマスセールスは、一面ではプロパガンダに加担する危うさをはらんでいたことが指摘されている。だがこのようにして「大衆文化」というものを世間に認めさせた腕力は、文化産業の稀有な成功例として記憶にとどめる必要がある。

3．円本——商品化する教養

日本の近代出版のなかで、円本ほど大きなテーマをそなえたもの

もない。あらためて確認しておくと、円本とは昭和初期に出された廉価な全集ものの総称で、おおむね1冊1円であることからこうよばれるようになった。きっかけを作ったのは改造社の『現代日本文学全集』である。改造社は、雑誌『改造』で論壇の一画を担っていたが、経営が危うくなりかけたところ、起死回生策として企画したこの全集が大当たりして、一躍出版界に円本ブームを巻き起こす。

改造社の成功によって、新潮社『世界文学全集』、春陽堂『明治大正文学全集』など、これをまねた企画が次々にあらわれた。その種類は4〜5年間で300を超えたといわれている。『キング』の直後に到来した円本ブームは、広告ブームでもあった。広告宣伝はいっそうエスカレートし、新聞には扇情的な広告が大きなスペースを占めるようになった。今では考えられないことだが、アドバルーンや看板、宣伝カーなど街中で本の広告があふれ、各地で開かれた講演会に作家が動員された。

予想されるとおり、この狂騒には『キング』をしのぐ批判があった。たとえばジャーナリスト宮武外骨はこれを害毒とよび、営利主義による「暴挙」の数々を痛烈に罵倒した（『一円本流行の害毒と其裏面談』）。円本は手段を選ばず大量に売るという点で『キング』を踏襲しているが、数社が参入してきたために競争が起こり、これがいっそう見苦しさを増していたかもしれない。

さらに、同じ大衆化でも「文化」との関係が『キング』とは違っていた。講談社文化は赤本を手本に、庶民的な文化を体系として提供したもので、いうなれば下から上へ、マスを味方につけた商業主義である。これに対して円本は、『現代日本文学全集』のうたい文句にあるとおり、「特権階級の芸術を全民衆の前に解放」（『現代日本文学全集』パンフレット）するもので、上のものを下に引きずりお

ろすタイプの商業主義だった。そのため、批判は「上」「から行われた。円本は芸術や教養を商品におとしめ、「文化」をおかすものだ、という論法である。

　さて、ここで少し話を展開してみよう。「文化の商品化」は、円本によるひとつの文化作用である。しかし、文化に対して円本が起こしたのはそれだけだろうか。

　円本は、端的には書籍の市場を拡大したものとして認識されている。円本以前、近代日本の出版市場の重心は雑誌にあり、書籍の市場はせいぜいその三分の一程度にすぎなかった。これは、雑誌と書籍のなりたちや、流通のありかたとも関係している（第5章）。永嶺重敏『モダン都市の読書空間』によると、円本読者の中心は、新中間層とよばれる、知識人と庶民の中間に位置する人々だった。こうした人々は、学生や教員、都市のホワイトカラー、地方在住の比較的豊かな商人や農民などにみられる。このように職業や地域の異なる人々を、一つの読者層にまとめる役割を果たしたのが雑誌だった。

　文学のダイジェスト版である1冊1円の『現代日本文学全集』は、手軽な「教養」ツールとしてそうした人々に受け入れられた。そこで、どれほどの数が実際に読まれたのか知る術はないが、たとえ消費される教養であったとしても、円本が多くの著作を流通したのは確かであり、読まれる機会を増やしたことは円本の作用として否定できない。末期には大量の売れ残りも出るが、こうしたものは特価本屋が安く国内外に売りさばき、さらなる普及を援けた。

　次に忘れてならないのは、円本が産業に及ぼした影響である。全集のヒットは、単行本とは違って大量の本が持続的に発行されることを意味する。それが何社も重なったために、製作や配送は大きな

混乱をきたしたが、関係者にとってはもちろん大特需であった。円本を作るために、印刷や製本には最新の技術や機械が入れられた。取次とよばれる出版卸売業者は、輸送のために初めてトラックを購入した。

　円本の販売促進は多く書店を通じて行われ、そのために東京の出版社が地方の書店を訪れることも増えた。印税収入が作家の懐中を潤した。円本によって生活が安定し、執筆や研究に集中できるようになった者もある。円本によるこれらの劇的な変化は、そののち反動も呼び込むことになるのだが、雑誌に比べて遅れていた書籍という出版物の環境を整え、これを近代化した。以上のようなすべてのことが、人々の書物との関わりに大きく作用していくことはいうまでもない。

　子どものころ、家の書棚に並ぶ円本の背表紙をみて育ち、少し本が読めるようになってルビつきの円本を読んだ、という人もあるだろう。円本文学全集は、文学を活字と同じような規格に押しあげ、標準化したともいわれている。このようにプラスマイナスや、一つの価値観では推し量れない文化状況というものが、円本を通して確実に生み出されていったのだ。

4．岩波文庫の資本主義

　文庫本の場合は、『キング』や円本とはやや事情が異なっている。昭和初期は文庫ブームでもあり、春陽堂、改造社、新潮社などいくつかの文庫が出されているが、先陣を切ったのは岩波文庫であった。これは少々複雑である。なぜなら岩波書店こそ「出版文化」の名に値する出版社と考えられていたからであり、文庫創刊の動機には円本への対抗があるからだ。

手元に岩波文庫があれば、巻末ちかく目録の前あたりを一度みてほしい。そこには必ず「読書子に寄す──岩波文庫発刊に際して」という一文が掲げられているはずだ。「真理は万人によって求められることを自ら欲し」で始まる文章は、しばらくのちにこう続く。

　　近時大量生産予約出版の流行を見る。其広告宣伝の狂態は姑（しばら）く措くも、後代に貽（のこ）すと誇称する全集が其編集に万全の用意をなしたるか。千古の典籍の翻訳企図に敬虔の態度を欠かざりしか。更に分売を許さず読者を繋縛して数十冊を強ふるがごとき、果して其揚言する学芸解放の所以なりや。吾人は天下の名士の声に和してこれを推挙するに躊躇するものである。（『読書子に寄す』）

　「大量生産予約出版」はもちろん円本である。岩波文庫創刊の昭和２（1927）年は円本ブームの只中だった。「広告宣伝の狂態」はともかくとしながらも、安直な編集をして全集として売りつけることに意義が申し立てられ、こんなものが学芸解放の名にふさわしいかと厳しい批判がなされている。岩波書店の代表的な支持層は、旧制高校─帝国大学というコースを経た知識階級であり、その価値観は教養主義と呼ばれている。ここだけをみれば、教養の大衆化を批判したものとよみとれる。

　だがここに引用していない部分には、「知識と美とを特権階級の独占より奪い返す」ことを使命とし、民衆のために広く普及させる目的で岩波文庫を発刊する、と書かれている。「大衆」「民衆」ということばの使われ方は、先の「新中間層」や「プロレタリアート」などとあわせてていねいに考えていく必要があるが、岩波書店もまた、非特権的な人々に向けて、名作を普及させようとしているので

ある。

　ただし岩波のポイントは、広く普及することと教養主義的な文化の価値とが、同一線上におかれていることだろう。大衆文化を実体化するのでも、教養を商品化するのでもなく、岩波文庫がめざしたのは、よいものをよいままに広めることだった。「啓蒙」という方向である。ただし、ここで一つの逆転が起きる。啓蒙のために岩波が選んだペーパーバックという形式は、歴史的にはすぐれて商業主義的で、おもに安直な書物のために用いられてきたものだったのだ。

　その意味を知るには、岩波文庫が範としたドイツのレクラム文庫について、少しだけ振り返らなければならない。レクラム文庫の発刊は1867年、岩波文庫創刊の年には還暦を迎えている。岩波文庫が見本にした、ということから硬派のイメージがあるが、戸叶勝也の魅力ある研究『レクラム百科文庫』によれば、その展開は多彩で、きわめてユニークな経営戦略をこらしていたようだ。以下、これに沿ってみていこう。

　とくに面白いのは、製作と流通の方法だ。レクラム創刊の1867年は、ドイツ出版業界にとって待望の「古典解禁」の年だった。著作権法の関係で、ゲーテやシラーなどの作品がこの年一斉にフリーとなり、誰でも出版できるようになったのである。レクラムは、ほかのいくつかの出版社と同様に、この機会に叢書を作ることを思いつく。レクラム文庫には高尚なイメージがあるが、原点は印税を払わずに安い本を作る出版社だった。さらに自社内に印刷を抱えてコストを下げ、販売には安い大衆小説を売り歩く行商人も利用した。これらの方法は、どれも典型的な廉価本、赤本のスタイルである。

　啓蒙が普及をむねとするならば、手に入れやすさは売りやすさにつながっている。ペーパーバックは岩波文庫と同じ1930年代に、

ペンギンブックスやポケットブックスを誕生させるが、それらはすべてスーパーマーケットのレジ横で売られたり、新聞スタンドの片隅で売られたりする、「文学のスーパーマーケット」(エンツェンスベルガー『意識産業』)だった。岩波がそうならなかったのは、日本の書店が、すでに赤本的なものも高踏的なものも同時に受け入れる場所として機能していたからである。これについては第11章でくわしく述べていくことになるが、商業主義とはおよそ無縁のようにみえる岩波文庫もまた、講談社とは別の文脈からこれを取り込んでいたのである。

5. グーテンベルクとベストセラー

　出版は産業である限り、本質的には商業主義であることをまぬがれない。リュシアン・フェーヴル＆アンリ゠ジャン・マルタンの『書物の出現』は、書物と社会の構成についての有効な知見をいくつも示してくれる名著だが、なかに、活版印刷の商業主義に関するとても重要な指摘がある。それによれば、印刷・出版業者はそもそもの起源から本質的に利潤を目的としていた。グーテンベルクの活版技術によって聖書や礼拝書が刊行されたのは有名だが、新しい技術が真先に宗教書を手がけたのは、それが何より写本時代のベストセラーだったからなのだ。

　グーテンベルクが借金をしてまで印刷機を開発したのは、職人気質もあったとはいえ、慈善事業ではなく商売のためだろう。活版印刷には、大量印刷によって出版を広めたという印象が先行する。だがよく考えれば、他方ではその出現によって、活版で印刷されない無数の書物が忘却された可能性があったはずだ。しかしフェーブル＆マルタンはそうしたことは「驚くにはあたらない」と述べている。

それは事業の必然であり、ふたりの言うとおり「印刷術が果たした行為というのは、まず大量生産であったと同時に、また一種の選別作業でもあった」のである。

　フェーブル＆マルタンの仕事に刺激を受けたベネディクト・アンダーソンは、『想像の共同体』を形成するメカニズムのひとつとして、「出版資本主義」をあげている。出版と資本主義の関係を考えるとき、私たちはつい見かけ上の「売らんかな主義」を思い浮かべる。しかしアンダーソンがいう資本主義は、何かを意図した投機的な商業主義ではなく、フェーブル＆マルタンが冷静にとなえているような、産業としての必然的な利益追求の方向性なのだと思われる。そしてアンダーソンが言うように、そのような最低限の必然が、別のものと相互作用を起こし、ときに無自覚なまま偶然に、社会に何かをはたらきかけてしまうこともある。

　その複合こそが文化の姿なのだろう。うっかり陥りがちな「出版文化」論では対立するようにみえる「文化」と「商業主義」は、すべての出版に例外なくはめこまれている。その互いに見えない部分に目をこらし、理解していくところに、「出版文化」の命題が隠れているのである。

第3章 出版流通の公共とジレンマ

1．出版産業の内外比較

　日本では、書籍でも雑誌でもコミックでも、出版社が作るものならたいていの書店で手に入る。その店になくても取り寄せてもらうことは可能だし、書店を通じて定期購読もできる。どれも私たちにとってはごくあたりまえのことだが、世界的には例の少ない、日本の出版産業の特徴だ。

　約2兆円といわれる日本の出版市場は、書店をベースに構成されている。こまかい内訳をみれば、読者の直接購読や図書館、生協など書店以外のものもあり、雑誌はコンビニエンスストアの占める割合が2割程度ある。ただしこれらもあわせた出版流通の7～8割は、取次とよばれる出版卸売会社を通じて流通している。

　取次の役割は、出版社と書店が個々に行っていては煩わしい作業を、まとめて代行することだ。日本の出版社は約4,000社、書店は約16,000軒、コンビニエンスストアは40,000軒以上もある。

　出版社にしてみれば、これだけの書店と直接取引をしていたら、電話対応や注文荷造りだけで一日が終わってしまう。送料もかかるし、小さな出版社なら本をつくる暇もない。書店にしても同じことだ。本という商品は1点1冊で種類が多いため、なおさら手間がかかる。多少の手数料は払っても、誰かにまとめて頼んだほうが安上がりになる。

取次の数は30社あまりだが、このうち二大取次と呼ばれる日本出版販売とトーハン（旧東京出版販売）の扱いが7割を占めているため、一般商品の流通としてはきわめて集中度が高い。このように、日本の出版業界は出版社―取次―書店というシンプルな構成であり、上下が多くて中間の業者が少ないので、ちょうど砂時計のような形になっている。

　欧米の出版業界は、これとは逆の形をしている。まず雑誌は書籍と別の業態で、むしろ新聞に類するものと考えられている。流通も新聞と同じく定期購読が基本で、小売はスタンドや各種売店、ドラッグストアなどであり、書店でみかけるようになったのは比較的最近といわれている＊。

　出版社・書店・取次の関係も日本とは大きく異なる。おもな出版社は、ほぼコングロマリットの傘下にある。1970年代以降、欧米のメディア業界では企業買収がさかんに行われるようになり、ランダムハウス、ハーパーコリンズ、サイモン＆シュスターなど、名だたる有名出版社が次々と身売りした。買い手は、ベルテルスマン、ピアソン、ニューズコーポレーションなど、メディアコングロマリットと称される巨大企業体で、マスメディア、エンターテイメント、教育などの分野で多数の企業を傘下におさめ、多国籍に展開している。ことに「世界の標準語」として国際市場をもつ英語出版物の場合は、日本の出版とは桁違いのビジネスになる。出版業はメディアコングロマリットにとっては投資の対象であり、常にめまぐるしい買収劇が繰り返されている。

＊　アジアの場合、中国は国営の新華書店がながらく教科書や書籍部門を独占し、雑誌は郵便局が定期購読と小売を行ってきたという、特殊な流通事情がある。韓国、台湾は後で述べる日本の戦時体制を植民地として受けている。また近年では、若者向けの日本雑誌が現地版として出されている影響もあり、単純比較がむずかしい。

書店も早くからチェーン店化している。小売のチェーン化は書店にかかわらずすべての業態で世界的な傾向で、こちらもあいつぐ吸収や合併で肥大化しつつある。後述するように、欧米では出版販売のなかで書店の割合が日本ほど高くない。そのため、書店ルートでのおもな取引は、ともに出版社と小売が直接行っている。フランスの大手雑誌社のように、自社でディストリビューターをもっていることもある。取次会社以外に、独立した卸売業者もあるが、日本のような形では機能していない。

　つまり、欧米では出版社や小売に資本が集中しているのに対し、日本は両者のあいだにある卸売の規模が大きくて、資本もそこに集中している。逆にいえば日本の出版業界は、よくも悪くも流通に依存しているといえるのだが、このような構造の違いはどこからくるのだろうか。

図1　日本と欧米の出版業界構造比較

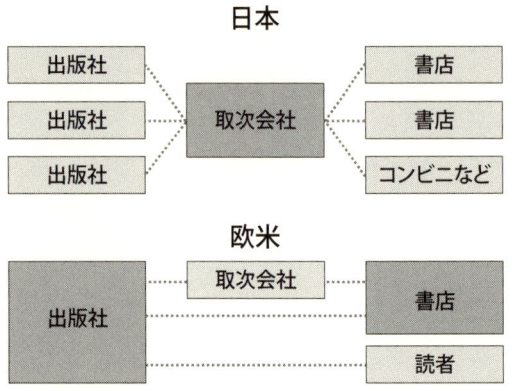

2．本をめぐる社会環境

　結論からいえば、出版産業構造の違いは、その国や地域の全体における、広い意味での本の流通のありかたに因っている。本をめぐるバックグラウンドといってもよい。大きな意味での国家体制もそのひとつである。たとえば社会主義国である中国では、新華書店という国営企業がながらく寡占的に出版流通を担っていた。そのほかの要素としては、著作権法や価格法をはじめとする法制度や、歴史的・地理的背景などがあり、さまざまな事情があいまって、その社会で本が提供される環境がつくられる。

　コングロマリット化の進む英米と日本を比べた場合によく指摘されるのは、やはり書店の位置づけの違いだ。日本の書店数は最近減少傾向にあるが、それでも1店舗あたりがカバーする人口は、単純計算でアメリカの4倍、イギリスの2倍ある。アメリカは国土が広いために、早くから通信販売がポピュラーであるほか、ブッククラブも盛んだった。ブッククラブとは、一定の会費を払うと、毎月何冊かの本がセットで送られてくるしくみで、リーダーズダイジェストなどが有名だ。

　書店とならぶ社会的な本の空間としては、図書館がある。公共図書館を例にとってみると、人口あたりの館数は、アメリカが日本の1.5倍、イギリスは3倍以上となっている（文部科学省調べ）。ただし、日本の公共図書館は1970年代から政策によって増加した経緯があり、1977年あたりでみるとアメリカは日本の2倍の数がある。

　こうした比較から、日本では書物のインフラとして、商業流通が図書館の代わりを務めてきたのではないかという指摘もされてきた。それは実態からいわれていることだが、制度として、また理念として見た場合にも、日本の出版商業流通は、公共的なインフラという

性格を帯びている。流通を中心とした日本の出版産業構造は、第一には明治時代の初等教科書の供給組織として、第二には戦時の配給体制として、公的にトレースされたものであるからだ。

3．公的流通の系譜（1）——初等教科書による知のインフラ

　日本の初等教科書は、明治5（1872）年の学制発布以降、民間と文部省との両方によって担われていた。この時期の出版流通はまだ何もかもローカルにとどまっており、全国網は整えられていない。さらに、当時の印刷技術では一か所で大量の教科書を製作することがかなわなかったため、各地で独自のテキストが編まれていたし、文部省の教科書も地元の書肆や商家に翻刻を委託したので、現地版が製作されていた。しかし明治10年代には教科書と教則との整合性がはかられ、出版も認可制となる。こうした初等教育の制度化のなかで、教科書会社というものが立ち上がる。

　明治36（1903）年に初等教科書が国定化されると、その発行は大日本図書、日本書籍、大阪書籍の3社に集約された。この3社が同じものをつくり、地域によって振り分けるのである。さらに続いて供給組織が整備された。まず統括的な会社を東京におき（国定教科書共同販売所）、各道府県の特約販売所、その下に取次販売所、という明解なピラミッド型のしくみである。各学校とのやりとりは取次販売所が行い、特約販売所がこれを管理して、東京の「本社」との中継をした。

　この組織は、しかしもとは文部省が作り出したものではない。要になった特約販売所は、道府県下の有力書店であった。そしてこれらの書店とは、教科書の発行を許可されたうちの1社、日本書籍の親会社である博文館が、早くから代理店契約を結んでいた。この

博文館について、少し補足をしておこう。

博文館は、明治20（1887）年に新潟出身の大橋佐平によって創業された、近代前半で最大の出版社である。創業時の出版物は「日本大家論集」といい、他の雑誌から注目の論考をピックアップして、再編集したダイジェスト雑誌だった。価格も安かったことから大成功し、翌年には書籍も手がけるようになった。

以後の躍進はつとに知られるところで、『少年世界』『文芸倶楽部』『太陽』などを次々刊行、書籍の分野でも文芸、実用、地図、グラフほか多彩な出版を行う総合出版社として君臨した。しかし近代出版史のなかで博文館が特筆される理由は、それだけではない。博文館を語るうえで忘れてならないのは、この出版社が雑誌の出版を出発点にさまざまな出版関連事業を展開して、日本の近代出版産業の全体像を描いたことだ。

明治20年代に始めた教科書の事業もその一環だが、明治28（1895）年には内外通信社、30（1897）年には博進堂用紙店を設立。翌31年の博文館印刷工場は、現在の共同印刷である。さらに二代目の新太郎は創業者の遺志を継ぎ、麹町の大橋邸に隣接して、私立の図書館まで設立している。なかでもとりわけ重要なのが、最初に手がけた販売部門で、明治23（1890）年に東京堂を設立、小売部と卸部（明治24）をおいた。小売部は今も神田神保町にある東京堂書店であり、卸部は二大取次のひとつ、トーハンの前身にあたる。

卸部の設立は、それ以前に博文館が雑誌の販売で築いていたネットワークを利用して、他社の出版物も請け負うところに始まっている。当時、雑誌取次としては新聞の卸売りから派生したものが多かったが、博文館という強力な後ろだてをもつ東京堂の存在感は大きく、やがて雑誌取次のリーダーになった。教科書の供給組織は、こ

のネットワークがそのまま引き継がれたものだ。つまり教科書の供給と一般の出版物の流通は同じ書店を中継して行われていたのである。さらに教科書の国定化に乗じて、これが公的なシステムに仕上げられてゆく。

だがこうして作られたインフラは、ひとり博文館の手柄ではない。各地の特約販売所の力もまた大きかった。教科書の特約販売所になるには、一定の保証金を積まなければならないなど審査があった。また、特約店の下で取次店になったのは学校に近い一般商店であることが多く、本を扱ったことのない取次店を統制して、過不足なく教科書を供給するのは並大抵のことではなかった。そうした苦労を引き受けながら地方の書店が開拓していった流通体制が、中央の資本と結びついた。そして民間事業によるシステムが、教育という国家の基礎事業として追認されることによって、出版流通の基礎が確立したのである。

4．公的流通の系譜（2）——戦時の出版体制

戦時体制のポイントは、そのしくみと目的にある。しくみからまず見ていこう。

戦時、出版事業は言論・思想と物資の両面にわたって統制された。方法は、用紙と配給の統制である。これらの施策は、第二次近衛内閣による社会システムの戦時シフト、「新体制運動」の一環として、内閣情報局の指導のもとにすすめられた。

出版新体制の骨子は、①出版を事前届出制とし、内容に応じて用紙を割り当てる、②流通を一本化して適正化をはかる、の二点である。企画を事前に審査して紙を割りふれば、望ましい出版物とそうでないものを選別し、限られた物資を有効に使うことができる。紙

がなければ本が出せないので、出版社はなるべく当局の意向に沿った企画を立てるようになる、というメカニズムだ。さらに、そうして刊行された出版物は市場にまかせて売るのではなく、一貫したポリシーにもとづいて、むだなく配給することが理想とされた。

これらを実行するために、業界の組織も大きく再編成されている。まず以前からあった組合と取次は、すべて解散させられた。そして新たな統括機関として、内閣情報局と主要出版社を中心メンバーとする日本出版文化協会がおかれ、その支配下に、唯一の取次会社である日本出版配給（日配）を設立した。大小とりまぜて 300 以上もあった出版卸売会社は、雑誌書籍の区別なく、すべて新会社に統合された。むろん、東京堂も対象となった。日配はあらゆる出版流通を一括して行う総合取次であり、直接的にはこれが戦後の二大取次システムの原型である。

次に目的だが、日配が理想としたのは、できる限りの省力化をはかりながら、本を読ませるべき層に的確な本が届くような配給、であった。より具体的には農山村への配給強化である。日配設立時の文書には、出版の普及が都会中心であることへの批判とともに、農山村の知的水準を上げることが、明確な目的として記されている。出版新体制における配給は、啓蒙と効率化の両方を兼ねた統合的なものでなければならなかった。

このために日配は綿密な調査を重ねた。しかし雑誌ならともかく、一冊一冊の書籍について「新たな読者」を想定し、的確に配置することは不可能だ。方法を模索するうちに戦局が悪化し、出版物の発行じたいに不自由するようになると、当初の目的はゆがめられた。そして結果として達成できた、きわめて効率的・合理的なしくみだけが、戦後に引き継がれることになったのだ。

5.「公共的」なるものの可能性

　以上のように、近代の日本では、社会的な知のインフラとして、出版物の流通が国策と明確に結びつく節目が二度あった。最初の教科書は東京を中心としたピラミッド型の組織、二度目の日配が実現したのは一元的な統合システムである。しかし日配も当初の目的は、都会偏重をなくして全国津々浦々まで平等に本を送り届ける、というものであり、教科書と同じく啓蒙のインフラを整備することがめざされていた。

　このことは、国家総動員という全体主義のなかにあったとはいえ、出版流通の公共的な役割を、逆から知らしめることになった。経済原則から出版流通を解放しようという日配の理想や、これを実施する方法論は、それ自体「公共的」でもあった。不幸（といってよいのかどうかわからないが）なことに、日配が理想とした「公共的」な配給はかなわず、その部分は忘れ去られたが、商業出版流通の原理のなかには、無自覚のうちにその「公共的なもの」が埋め込まれている。

　たとえば統合的な一元流通のしくみは、ほかの意味でも本の環境にとって「公共的」な環境を提供している。まず取次についていえば、ここに投資や体力が必要な部分を集めることで、出版社が大きな資本の傘下に吸収されずにすむということがあげられる。日本でも書店では地域ごとにチェーン化が著しいが、出版社での系列化はほとんどみられず、一部大手と数多くの独立した中小規模の社が存在する状況にある。取次とは業界ぐるみの大型アウトソーシングなのである。

　次にこれと関連して、さまざまな種類の出版物を総合的に多く扱うことで、個々の採算を問わずに全体をまわしていけるということ

がある。いわゆるスケールメリットというもので、部数の少ない本でも、多くの需要を見込める本と一緒に扱うことで全体にかかるコストがならされる。とくに、雑誌は広告収入があって原価が安い上、定期性がある、新刊である、量が多いという理由で、書籍よりも安く取り扱うことができる。これによって、結果的に多様な出版活動が確保でき、出版社や書店の独立性も保たれる。

いっぽうで、取次をふくむ一元的な出版流通に対する批判も多い。産業が固定化、硬直化している、返品率が高いのにほしい本が届けられていない、読者がみえていないなどであり、全般的な体質の古さがたびたび批判されている。たしかに、戦後半世紀以上も続いた日配後の体制には、制度疲労があることは否めない。

しかしながら、より本質的な理由は、日配によって生得した「公共的なもの」が、理想の配給の失敗によってその本来の公共的な部分を欠いたまま、形式として残されてしまったところにある。おそらくそのとき出版流通の「公共性」は、末端までを最適化する理想から、全体のバランスや秩序を重んじるという意味に置き換えられたのだ。その態度は戦後に強く影響し、全員がほどほどという最大公約数的な流通や、保守的にさえうつる取次のありかたに、無意識のうちにつながっていったと思われる。

けれども半世紀以上続いたこの構造も、急速に相対化されている。ブックオフがありアマゾンがあり、さらには電子出版もやってきた、というわけだ。しかしそれが取次や書店の終焉を意味するかどうかは、性急に判断するべき問題ではない。取次と書店が切り離せないものでもないし、それらが担ってきた役割が、すべて否定される必要はない。そのなかで、日本の出版流通にある「公共的なもの」は、ひとつの大きなバックグラウンドになるはずだ。

メディアコングロマリットに支配された欧米出版業界では、大資本に独占された高額な電子ジャーナルをめぐって、学術は広く平等に公開されるべきだ、という理念から、オープンアクセスという対抗軸が出されている（第 10 章）。また同じ本のインフラである図書館も、その存在意義と役割を自らに問い直している（第 9 章）。日本の出版産業やその流通システムが迎えている状況は、こうした動きと同列にある。社会全体の本の環境のなかにあって、そのポテンシャルをどのように描いていくのかを考えることが、この先の日本の本の流れを決めていくことになるだろう。

第4章 本にとって価格とは／定価販売のメカニズム

1．「再販制度」についての復習

　書物の取引のなかで、比較的よく知られているものに「再販制度」がある。再販制度とは、本を定価で売り買いすること（中古以外で割引しないこと）と理解されている。実態としてほぼまちがいではないが、やや極端に「本は定価で売り買いしなければならない」、と思い込んでいる人が少なくない。「法定再販」ということばをあげて、本の定価販売は法律で決まっていると説明する人もあるが、もちろんそんなことはない。

　こうした誤解が起きる理由のひとつには、「再販制度」ということばのわかりにくさがある。ついでながらいえば、「再販制度」などという「制度」も本当は存在しないのだ。再販制度といわれているものは、正確には「再販売価格維持行為」という商行為が、恒常的な契約によってひとつの商習慣となったものにすぎない。ますます複雑になる前に、ことばを整理してみることにしよう。

　まず「再販売」（resale）だ。定石にならって生産、流通、消費という流れを念頭においてみると、それぞれを担うメーカー、卸、小売、消費者というプロセスのなかで、そのつど販売が繰り返されていることに気づくだろう。これが「再」販売であれば、最初に決めた価格を、再販売のときも維持することが「再販売価格維持行為」と考えればわかりやすい。ただしこの再販売価格維持「行為」、つ

まりメーカーが小売値を決めてしまう行為は、通常の商取引では禁じられている。価格というものは、私たち消費者が物を買うときの重要な選択条件だからだ。

品物が同じなら、少しでも安いものを買いたいと消費者は考える。そのため、小売店は価格を競う。逆に、売り手の利益を考えれば価格は高いほうがよいから、もし再販売価格維持行為を認めれば、業者が結託して高い価格をつけ、消費者が不当に高いものを買わされる可能性があるともいえる。このような、競争を是とする自由主義経済の論理にもとづいて、再販売価格維持行為は独占禁止法で禁じられているのだが、中にはいくつか例外がある。次の条文から確認してみよう（下線筆者）。

独占禁止法（再販売価格維持契約）
第23条
第1項　この法律の規定は、<u>公正取引委員会の指定する商品</u>であつて、その品質が一様であることを容易に識別することができるもの<u>を生産し、又は販売する事業者</u>が、当該商品の販売の相手方たる事業者とその<u>商品の再販売価格</u>（その相手方たる事業者又はその相手方たる事業者の販売する当該商品を買い受けて販売する事業者がその商品を販売する価格をいう。以下同じ。）<u>を決定し、これを維持するためにする正当な行為については、これを適用しない。</u>
（略）
第4項　<u>著作物を発行する事業者又はその発行する物を販売する事業者</u>が、その物の販売の相手方たる事業者とその物の<u>再販売価格を決定し、これを維持するためにする正当な行為</u>についても、第1項と同様とする。

第1項のほうは「公正取引委員会の指定する商品」を例外とする、と定めている。「公正取引委員会が指定する商品」には、かつてある種の化粧品や医薬品などがあった。いまはこうしたものはすべてなくなっているが、法の考え方に従って条文は残されており、新たに別の商品が指定されることもありうる。そして次の第四項に、「著作物」は再販売価格維持行為をしてもよい、すなわち定価販売を前提として取引してよい、と書かれている。著作物とは、具体的には新聞と書籍、雑誌、レコード、音楽CDとテープをさす。

　例外にすることを「適用除外」というが、なぜわざわざ著作物だけ「適用除外」になっているのか、不思議に思うかもしれない。しかしその前に気をつけておかねばならないのは、この条項で定められているのが「メーカーである出版社が『定価』を定め、その定価で売ることを卸や小売に強制してもよい」ということであって、「出版物はすべて『定価』で売らなければならない」と定められているわけではない、という点だ。「著作物」だけが指定商品扱いではなく、わざわざ別項をたてられていることから、これを「法定再販」とよんだりもする（指定品目のほうは「指定再販」）が、独占禁止法は、著作物を定価販売せよと定めているわけではなく、「定価販売をルール化してもよい」と言っているにすぎない。

　つまり出版社が定価を決めなければ、誰がいくらで売ってもよいのである。残念なことにあまり知られていないが、そのような書籍や雑誌もすでに流通している。自由価格本、バーゲンブックなどといわれるもので、最初から定価をつけないで売られるものあるが、期間をきめて割引販売したり、刊行からある程度の期間が経ったものが、より多く出回ったりしている。もともとこのような取引を専門とする業者があって、デパートやスーパーの催事場や、駅などで

ワゴンセールのようにして売っているが、最近では書店のなかに常設コーナーがあったり、出版社の共同企画としてインターネットで販売されたりもしている。

ただし現実には、本章の後半に述べていくような理由で、ほとんどの出版社と取次、あるいは取次と小売店が「定価販売する」という契約にもとづいて取引を行っているので、割引販売は限られた範囲にとどまっている。このように、「再販売価格維持契約」が「ほとんどの企業間で一斉に行われているために、制度化している状態」が、いわゆる再販制度である。

2. なぜ著作物は定価でもよいのか

それではもう一度戻って、なぜ著作物に定価販売が認められているかだが、これを認めるべきかどうかは、いまだ専門家でも見解が分かれている。そのため根拠も一通りではないが、もっともよくいわれるのが、いわゆる文化的な保護政策というものだ。あえて加えれば、著作物の再販売価格維持行為が、そもそも競争を排除することを一義的な目的にしていない（不当に高い価格にしたり、他者が参入できないようにしたりするために使われていない）という、やや消極的な理由もある。

ただし、「文化」の解釈には第2章で述べたような揺らぎがあるので、ここでいう文化保護は、多様性の担保、たとえば小さい規模の出版社や書店でも、大手とおなじように出版物の生産や流通が自由に行えること、と考えておくべきだろう。

たしかに、全国どこに行っても同じ価格で本が買えることや、中小の小売店が価格で大手と競争せずにすむことは、機会の平等につながる。いっぽうで、出版社は本の価格をつけるときに、（雑誌な

どはとくに)他社との比較や値頃感を考慮しているし、取次会社も書店との関係上、他社と競合している。妥当な範囲で価格競争が行われており、その範囲で緊張感をもちながらも、一定の収入が計算できる状況であれば、産業のフローは健全に維持できるかもしれない。

おそらくはそうした理由から、書物の定価販売を何らかの形で定めている国としては、ドイツ、フランス、イタリアなどがある。フランスは一度廃止したものの、市場が混乱したためにふたたび戻し、現在は期間を半年に区切って5%までの割引は認めるという方法で運用している。だがイギリスや韓国のように、長いあいだ定価販売を認めていながら廃止した国もある。またアメリカ、カナダ、スイスなどには再販制度のようなものはなく、本の価格は自由だ。アメリカの書店に行くと、店頭にディスカウントコーナーがあって、2割、3割引などのステッカーが貼られているのをよくみかける。

このように、著作物再販の根拠はもっとものようでもありながら、実際に自由な価格で本が売られている国もあるとすれば、どちらが正しいのかを絶対的な基準で判断するのは難しい。フランスやイギリスのように、自由価格にしたことによって混乱が起きるケースもあるが、それをもって再販制度を正当化しきれるのかどうかは、定かではない。いまだに意見が分かれているのもそのためで、いいかえれば、本の販売において価格を定めることの妥当性は、普遍的な価値にはなっていない、ということになる。

したがって、日本の著作物再販も、見直しが繰り返されてきた経緯がある。大きなものでは、1970年代、90年代のそれぞれ後半に、公正取引委員会およびその諮問機関が、著作物といえども例外扱いせずに、独禁法を適用することを提言した。結論からいうと、いず

れも撤廃には至らなかったが、その妥当性をめぐっては、全国で識者や消費者代表のヒアリングが行われたり、業界から反論がなされたりした。ただしこれからみていくように、ここで論じられていたのは、必ずしも「本の価格を定めること」についてではなかったのである。では二つの見直し論議の発端となった、それぞれの主張を確認してみよう。

（1）書籍が特別扱いされる社会的基盤はもはやない。再販制度にあぐらをかいてきたことが、書籍流通をいびつにしている。
（2）再販制度の下では、流通システムが固定化し、事業者が消費者の多様なニーズに対応することを怠りがちになりやすい。

ふたつの主張には約20年の隔たりがあるが、まったく共通しているのは、「再販制度によって流通システムが正しく運用されていない」という指摘だ。それがいびつだったり固定化したりして、消費者が不利になっているというのだが、その反面、本に対する消費者のニーズのなかで、価格はほとんど問題になっていないのだ。次章で紹介するように、むしろ諸外国にくらべて、相対的に日本の本は安いとさえいえる。その代わり、1995年の時点で、店に行ってもほしい本がない、注文しても本がこない、などの不満が多くを占めた。こうした不満が生じる原因が、再販制度によりかかって商売ができるので、努力を怠っているためだ、というロジックが見直しの根拠になっている。このロジックは、半分正しく、半分は正しくない。というのも、少なくとも日本の出版産業においては、価格を定めて売るという商習慣の確立が、業界を固定化するためのたいへん革新的な努力だったからである。

3．本の定価制はなぜ行われたか

　出版産業と定価販売の関係を知るには、およそ90年前までさかのぼる必要がある。日本では、大正8年に定価販売が業界のルールとして定められた。その当時、独禁法はないから、業界組合の規約として明文化されたものだ。この長きにわたる定価販売の歴史は、しばしば再販制度維持の理由としてあげられるが、単に昔からやっているからというだけなら、革新性のなさを指摘されている場合の反論として、逆効果かもしれない。

　しかし、大正8 (1919) 年の定価販売のほんとうの意味は、そんな単純なものではない。先に、再販制度が「集団的に恒常的に行われている商習慣」であると述べたが、まさに「定価販売を業界全体で一斉に行う構造」が成立したのが、大正8年の定価販売によってだった。

　いいかえればそれ以前、これほど徹底して業界全体で物事を行う、ということはなかった。これはいくら強調しすぎてもしすぎることのないほど重大なことであり、ここに日本の出版の近代化が集約されているといっても過言ではない。

　大正8年以前、出版物の価格は小売店によってさまざまだった。明治の後半、新しいメディアである雑誌を中心に、近代的な出版物が多く流通するようになった。これとともに、量やスピードの競争も始まり、ことに都市部においては価格競争、すなわちダンピングが横行した。当時の雑誌の価格を、物価などと比較してみると、現代の相場感覚の二倍程度はあったと思われる。現代に比べれば貧富の差が激しいために、一概に決めつけてしまうことはできないが、少なくとも新しい本は、今よりずっと高かったと考えるべきだろう。

　貸本のようなシステムや、「月遅れ雑誌」とよばれる一月遅れの

雑誌を安く売る市場なども利用されていたが、日露戦争をはじめとする国家的な大イベント、政治、経済、教育、学芸などさまざまな局面における近代化プロジェクトの最中にあって、雑誌は今より多く求められるメディアだった。

　実業之日本社、大日本雄弁会講談社などの雑誌社は、流通量をふやすために、売れ残りを引き取る方式（いわゆる委託制度のはしり）を始めていた。最大手の博文館はこうした方式をとらなかったが、大量に売ってくれる小売店をほかより優遇するなどして、競争をあおることになった。いわゆる「おとり」として、原価を割ってまでも安売りが行われるようになったのは、必然でもあった。

　この行き過ぎた価格競争に対して、最初に声をあげたのは、出版社でも小売でもなく、間にたつ卸売業者——雑誌取次である。第3章で述べたように、雑誌の取次がほぼ形になってくるのが明治20年ごろで、新聞販売から派生した北隆館や東海堂、博文館が自社の販売会社として設立した東京堂などがあった。

　こうした東京の雑誌取次には、北陸、東北、信越などの農村から、数多くの少年たちが集められた。いずれも、跡取りではない成績優秀な少年たちだったといわれるが、この時代に東京で本の仕事に就くのは、こうした少年にたちとっては身を立てるひとつのチャンスだったかもしれない。最大手の取次に成長する東京堂などは、のちに実業学校を開設して、彼らに教育を施したりもしている。

　このような少年たちの回想はいくつも残っている。店から年に一度、正月に支給される衣類に身を包み、本を荒縄で縛ったり、荷車で運んだりするのがおもな仕事だ。この時代のどの商売でもそうであるように、むろん全員住み込みで夜も日もなく働く。とりわけ新聞販売から派生した雑誌取次の場合、時間に対する要請はきびしい

ものがあった。ただし利益はもっともよくて小売価格の3％程度、規模の大きくないところは1％程度であったといい、出版社や小売の価格競争に巻き込まれれば、あっという間に利益を失うことになる。たとえ質素な待遇で、年端もいかない少年社員をつかっていたとしても、このままでは取次が破綻することはまぬがれない、ということから推し進められたのが「定価販売」だった。

　雑誌取次業者は、まず出版社の説得から始めた。おりしも第一次大戦後の世界的な不況から、紙の価格が高騰していることを材料として、価格そのものをあげることを進言する。次に、ダンピングを収める必要性を粘り強く説き、いわば蛇口をしめるために、出版社と雑誌取次数社との独占的な供給ルートを確約させた。そして今度はこれを盾に、全国の小売店にむけて「定価販売を守らなければ商品を供給しない」ことを通達、これを規約に盛り込んだ組合を組織することによって、メーカーから小売までの「再販売」を、産業として統一した。この組織化は、同時並行して書籍にも波及し、さらに各都道府県に「書籍雑誌販売組合」がつくられたことによって、「出版業界」というメインフレームが確立したのである。

4．価格は本のありかたを規定する

　このように大正時代に雑誌取次がしかけた定価販売は、もともとはかれらの生活を保障するところから始められた。それは「定価で売る」ルールが、産業全体をコントロールするシステムとして用いられる、という結果につながった。であるならば、再販制度の見直しが価格そのものを問題視しているのではなく、価格によって作られる全体のフレームを問題にしていることもうなずける。

　現在、再販契約はほとんど自動的に行われていて、行っている当

事者にこうした自覚はない。しかしながら、価格がつくりだすフレームは、決して産業内部の関係者だけの問題でもないのだ。どのような本が作られるか、それがどのように社会の中に送り込まれるかは、産業のフレームに大きく左右される。それによって、日々流通する本のあり方が、いい意味でも悪い意味でも、かなりの部分で規定されてしまうことになるのだ。

　もし日本で再販制度を廃止したら、産業構造や秩序には、かならず大きな変化が訪れるだろう。廃止の目的は、ある意味では産業構造を変化させるところにあるからだ。けれどもそうならば、目的は廃止にあるのではなくて、廃止された先の、社会に流通する本のあり方のビジョンのほうにおかなければならないだろう。価格にこれだけのコントロール力があるのだから、「出たとこ勝負」ではなく、よい方向に仕向けることを考えてから、制度の運用を判断する必要がある。

　最後に、本と価格との関係を考える上で、いま最も大事な論点を加えておきたい。定価販売がスタンダードの世の中にあっても、実質的に多数の「安い本」が出回っていて、それをわたしたちが手にする機会がふえている、ということだ。

　前述した自由価格本もそのひとつで、再三の見直し論議やインターネットの活用などで、以前よりはるかに流通量がふえている。しかし、「実質的に出回る安い本」として、もっとインパクトが強いのは古本だ。ブックオフが始めた新しいタイプの中古書店（新古書店）は、従来の古書店のように、組合の市で品物をやりとりするのではなく、客が売りにくるものを在庫としたり、本の価値を新しさや人気で決めたり、店の構えを新刊書店に似せたりして、異なるビジネスモデルを提示した。限られた小遣いでマンガを読みたい若い

世代にとって、こうした新古書店は「地元の本屋」として定着しているようでもある。また、読んだことのない作家の本をためしに新古書店で買う、というような行為は、図書館や貸本屋に順ずる機能をもっているともいえる。

　新古書店以外でも、古書は新刊市場と近接してきた。たとえばインターネット書店のアマゾンにはマーケットプレイスというしくみがある。マーケットプレイスへのアクセスは簡単で、本を検索した結果に、「新品」「中古品」という選択肢がついていれば、「中古品」のほうがマーケットプレイスによる出品である。アマゾンは軒先を古書店に貸して、ロイヤリティ収入を得ているので、ユーザーはそれぞれのユーザーはそれぞれの業者から買うことになるが、それを了解するのなら、送料などを負担しても安い中古を選ぶこともできるというわけだ。もともと、アマゾンがアメリカで躍進した理由のひとつは、インターネット書店ならではのディスカウントにあった。しかし、再販制度のある日本ではディスカウントできないために、古書がその代わりを担っているといえるだろう。さらに、第10章でも述べるが、新刊と古書が交わるモデルは、新刊書店のなかに古書売場ができる、という現象も引き起こしている。

　そして、さらに重要なのはいわゆる電子出版物である。電子出版物については、①紙より安くする、②同じにする、③紙を買った人に対してデジタルを安く提供する、④部分を安く切り売りする（章や記事単位など）、などのパターンが試みられているが、方向性はまだ定まっていないようにみえる。アマゾンのキンドルなどは、米国内では通常の出版物よりは安い値段で電子版を提供しているが、紙や流通のコストを伴わないからといって、単純に安くしてよいだろうか。今できることは、過去の蓄積の上に成り立っている。たとえ

ば、過去に膨大な時間と経費をかけて制作した本を、元がとれているからといって安直にデジタル化して安い値段をつけてしまえば、もう二度と同じような手間をかけたものは作れなくなる。出版の原価には、作家を育てたり、校正をしたり、作り手と売り手の関係によってベストセラーが生まれたりすることへの投資も含まれる。

　こうしたことは、もちろんデジタルの世界においても成立しうるのかもしれないし、むしろデジタルだからこそ可能になる何かもあるなら、いたずらに過去を至上とする必要はない。しかし、さんざん繰り返してきたように、価格は価格だけではないのである。それは、産業構造を規定し、本の環境を変えてしまうメカニズムである。とりわけ、比較的小さな規模で多数のアクターが寄り集まっているような日本の出版業界において、デジタルの本をどのような価格で、どのようなフレームで設定するかは、電子リーダーの勝ち負けなどよりはるかに重要だ。それをどうデザインするかによって、わたしたちが手にする日本語のすべての本のありようが決まってしまうかもしれないのだ。

第5章 雑誌と書籍のシンクロニシティ／震災が変える構図

1．雑誌と書籍の知られざる関係

　雑誌と書籍が書店で買えるのは日本独特の構造だ。その一元的な流通については第3章で述べているが、この両方が同じ器のなかにある意味は、雑誌と書籍それぞれの性格から考えていく必要もある。

　先に教科書どおりの整理をしておこう。まず産業側にとって大切なのは経済的なメリットだ。すでに示したとおり、雑誌は書籍より利益率が高いので、書籍の出版や流通にかかるコストを吸収できる。それは出版の多様性につながるし、この構造があるために、諸外国と比べて日本の本の価格は安いともいわれている。ただしひとたびバランスが崩れると、出版業界全体の経済バランスに影響するおそれがある。実際、ここ数年で雑誌の売上が激減しており、産業に深刻なダメージを与えている。

　別のデメリットとして、雑誌の流通スタイルが優先されたために、書籍のきめ細かい対応がなおざりにされたともいわれている。書籍は雑誌に比べて、圧倒的にタイトル数が多い。たとえば現在日本で刊行されている商業雑誌は3,500種類程度だが、書籍は年7万点以上の新刊が発行されている。過去に出た本を加えれば、流通しているものはその10倍ぐらいある。読者が求めるのはおもにこの部分の手当てなのだが、70から80万種類の書籍について、一冊ず

つ対応するのは、取次にとってはかなりの手間とコストがかかる。

　まさに全体の売上に占める割合からすれば、さほど大きいものではなかったために、読者のニーズや書店の強い要望にもかかわらず、このサービスへの対応が遅れたという実状がある（ただしインターネット書店以降、この状況は劇的に変わった）。

　次に視点を少し変えてみよう。雑誌と書籍が物理的に並んでいるという点で、諸外国にはない独自性が見いだせるだろうか。まず思いつくのは、ふたつの中間的にある出版物だ。たとえばムックと呼ばれる出版物は、単品で書籍的な編集ながら、雑誌扱いで発行されるものだ。MOOKは見てわかるとおり、BOOKとMAGAZINEを合成した造語で、とりわけ日本でポピュラーになった。

　ムックの内容は、料理や手芸などの実用や、スポーツ、趣味的なものが多く、本誌の別冊として出される場合もある。書店では雑誌が並んでいる斜めのラックと平台の間の棚あたりが定位置だ。ほとんどは売れたらそれで終わりで、書籍のように在庫をもって長く売るものではない。

　コミックも雑誌と書籍の中間にあたるものだ。日本語のコミックは「マンガ」よりは限定的で、ジャンルというより形態、産業区分をさして使われる場合が多い。「マンガの単行本」というくらいの意味だろう。コミックはふつう雑誌として扱われるが、同じ作品が、文庫や愛蔵版になると書籍扱いになることがある。最初から書籍として刊行される場合もある。どちらになるかは出版社の意向で、説明可能な基準はない。

　そうなると気になるのが雑誌と書籍の区別である。雑誌、書籍と当然のように記してきたが、それはどのように定義されるのだろうか。にべもない言い方をすれば、雑誌と書籍の違いとは、本に記載

される商品コードの違いである。雑誌には雑誌コード、書籍にはISBNコード（International Standard Book Number）がついている。これではあまりに愛想がないと思うなら、一般的には定期刊行物であるか否かで区分される、としておこう。第三種郵便に相当する出版物は通常より安い料金で送ることができるが、基準は毎月1回以上定期的に発行されるもの、とされている。

だが同じ定期刊行物でも、文学全集や美術全集などは雑誌ではない。完結するものだからだろうか。数年前から流行している出版物で、毎月定期的に発行される模型やCDつきの薄い冊子（デアゴスティーニなど）があるが、号数があらかじめ決まっていて、合本にするためのバインダなども用意されているのに雑誌である。値段や装丁で区分するのも難しい。このように、雑誌と書籍の境界は相当にあいまいだ。だが、これもまた両者が並存してきた作用なのである。

2．近代メディアとしての雑誌

ここでまた、しばし歴史をひもといてみよう。日本においても、最初から雑誌と書籍が同じように流通していたわけではなく、両者にははっきりとした区別があった。少なくとも近代のはじまりにおいては、日本の出版業も諸外国のようなものだった。

日本で雑誌という名の出版物があらわれたのは、幕末から明治にかけてのころで、『西洋雑誌』の発行人、柳河春三がmagazineを「雑誌」と訳したのが始まりと言われている。西洋雑誌は西洋事情を翻訳して記事に編集したもので、最初の月刊誌だった。同じころ、やはり最初に新聞を名乗った『官板バタビア新聞』も発行されている。これは当時オランダの植民地であったバタビア（現インドネシア）

で発行されたニュースメディアの翻訳だ。

「新聞」といえばいまでは媒体の種類を指すが、当時の「新聞」はニュースを意味する語として用いられている。『西洋雑誌』と『官板バタビア新聞』は、西洋事情の翻訳という内容もさることながら、和綴じの冊子という形態も共通している。どちらも今日考える雑誌や新聞とはかなりイメージが異なるが、このように初期の「新聞」と「雑誌」はほとんど区別がなかった。いずれも西洋からもたらされたジャーナリズムのメディアであり、日本の伝統的な出版とは一線を画していた。

雑誌の近代的な特徴は、産業構造や流通のしかたにもよくあらわれている。まず維新の言論メディアである新聞や雑誌の多くは、政治の中心地である東京で発行され、配布には郵便が利用された。日本の郵便制度開始は明治4（1871）年である。日本郵便の父であり、1円切手に肖像が印刷されている前島密は、ジャーナリズムの発達していたイギリスの事例を見聞し、早い時期に定期刊行物の郵便料金を優遇している。

他方、小売は新聞売捌所（うりさばき）とよばれる業者が扱った。新聞売捌所の中には、のちに雑誌取次になるものが出る。雑誌は都会では絵双紙屋やターミナル、地方ではよろず屋のようなところで売られていたようである。郵便が定期購読とすれば、こうした町の小売はスタンドに近く、初期の雑誌業が、欧米型だったことがわかる。

新聞や雑誌はその性格から、東京を中心点とし、郵便や取次を経由して放射線状に全国流通するということが、当初からの前提だった。道府県ごとの中核書店を中継点とする博文館の流通組織が、取次である東京堂の基礎となり、また国定教科書の供給システムとして追認されることはすでに述べたとおりである。これを実現するた

めには、学校や郵便に加えて、明治20年代から建設が始まる鉄道も大きな役割を果たした。つまり、近代メディアである雑誌の流通には、移動通信にかかわる明治国家の近代的なインフラが、存分に活用されたのである。

3．多様な書籍のローカリティ

　いっぽうこれと同じことは「書籍」にはあてはまらない。もちろんそこでも開国によって、西洋の書物が次々と翻訳された。医学理工系など新しい出版社もいくつかできて、これが近代日本の学問・教養のスタイルになってゆくのではあるが、他方には前近代から続いてきた日本の出版があった。和漢書や双紙、刷物の類である。

　もともと日本の出版の中心地は上方で、「物之本」と呼ばれるかたい本は京都に伝統があり、大阪は江戸時代の出版都市であった。これに対する江戸ものは「地本」といって、草双紙や錦絵、絵双紙など軽い本である。この三都が互いにやりとりをしながら、またそれぞれがもっているエリアと直接取引をしながら、間接的に各地方をつなぐ、というのが江戸後期の本の取引だった。そのため、雑誌のような全国一斉の流通ではなく、集まる本もエリアごとに違っていた。

　本の取引には古本も混ざっていた。また、東京で新しい本を作り、大阪の本屋が持っている古本と物々交換する、というようなことも日常的に行われていた。売り方のバリエーションも、書籍の特徴である。注文をきくだけではなく、一定の本を見つくろって送ったり、行商のように担いで回り、当地で小さな市を開く方法もあった。逆に、地方の書店が東京や大阪まで買いつけに出向いたりもしている。

　また、「本屋」というのは出版から販売までのいくつかの仕事の

総称であり、小さな小売だけのものから、出版やよその本屋の発行代行、卸など手広く事業展開するものなどさまざまであった。第2章にあげた赤本屋などは後者の例である。このように、近代的なものも前近代なものも、そして本だけではなく取引や事業のスタイルも含めて、あらゆるものが混在しているのが、近代初期の書籍の状況だった。とりあえず「書籍」としてくくられたこれらの雑多な出版業は、明治なかばに結成された同業組合にも、ともに名を連ねている。「東京出版営業者組合」という名称が、その実態を示していよう。

　この寄り合い所帯がだんだんと分化してゆくのは、明治後半から大正なかばにかけてである。雑誌や教科書で本の流通が全国化したこともあるが、組合の活動もまたこれを促した。

　組合の活動でもっとも大がかりなものは書籍市である。このような書籍市は海外でも古くから行われ、有名なフランクフルトのブックフェアなどは数百年の歴史がある。東京で開かれた年に一度の書籍市では、目玉として特売が行われたが、同時に催される宴席や東京見物なども、地方の書店には魅力だった。この市とともに、組合では書店名簿や書籍目録も発行されるようになった。こうした活動を通じて、いままでまちまちに行われていた本の発行や流通が、ともかくも一堂に会し、あらましがわかるようになったのは、近代化への第一歩だったといえよう。

　だが、ローカルで多様という書籍の特性はその後も続いた。たとえば人気のあった講談本の場合、東京の本屋は東日本、大阪では西日本というすみわけがあった。大阪の講談本は種類も多く、15社ほどの本屋が共同で販売も行った。講談本としては、大正前半に一斉を風靡した立川文庫が有名だが、これを発行した立川文明堂は大

阪の本屋である。立川文庫はふつうの文庫本よりさらに小さい手のひらサイズのハードカバーで、ページの上には金がはられ、1冊ごとに異なる色も美しかった。近所の本屋や夜店などで売られた立川文庫は、低俗といわれつつも、『猿飛佐助』『宮本武蔵』など、少年たちに大人気を博した。

4．関東大震災から出版の帝都へ

　以上のように、雑誌ははじめから近代的なメディアであり、中央から全国へと近代のシステムにのせて送られた。これに対する書籍は、種類も業態も流通のしかたも統一されず、ローカルなありようが維持されていたと考えられる。性格も流通も異なる雑誌と書籍が合流する経緯は、すでにいくつか示してきた。雑誌組合が推進した定価販売もそのひとつであるし、戦時の日配システムは、これを完全に統合したものである。だがこの間にもうひとつ重要なファクターがあった。関東大震災である。

　大正12（1923）年9月1日、相模湾北部を震源として発生した関東大震災は、東京、横浜を中心に10万人近い死者を出す大惨事となった。その多くが焼死者であったのは、発生時刻が正午ごろだったことが災いした。もっとも多くの被害を受けたのは、今の墨田区南部にあたる本所区で、両国の被服廠（軍服を作る工場）跡地では4万人という犠牲者が出た。次いで深川区、浅草区などの被害が大きかった。いずれも東京東部の隅田川周辺、現在の下町地区であり、これらの地域には、東京の古くからの出版業者や赤本屋が集中していた。

　震災が起きた大正末期、書籍業のなかでこうした古い業者のポジションは、すでにアウトサイダー的なものになっていた。定価販売

を通して近代的な出版業界のメインストリームが形づくられていたし、彼らの得意としていた大衆市場は、講談社のような大手資本の手に奪われつつあったからである。関東大震災は、そこに追い討ちをかけるのにじゅうぶんだった。赤本業者のなかには、この期に廃業したり、出版業をやめて特価本屋に転業したりした者が多いといわれる。前時代の流れを汲む本屋は、街の焼失とともに新しい枠組みに吸収されてゆく。

　メインストリームのほうも安泰だったわけではない。明治以来、出版業者が多く集まっていた日本橋や神田周辺でも、火災や倒壊が相次ぎ、取次店もすべて焼失した。その影響は東京以外の場所にも及び、品物を調達できなくなった書店のなかには、廃業を報せてきたものもあるという。地方書店の多くは大阪で商品を調達した。大阪では講談本のほかにも、参考書や辞典など学習書籍の刊行が盛んであり、東京の被災によって大阪の出版界はしばし活気を取り戻す。

　だが、東京の出版界の立ち直りは意外にも早かった。幸い山の手に被害が少なく、いくつかの印刷所が無事だった。昔は火災が多く、東京堂などは震災までに二度も焼けている。そうした経験で、重要なものの避難や罹災後の立て直しに慣れていたこともある。組合がかっちり組織化されていたことも、プラスに作用した。震災の十日後には雑誌組合の会議が開かれ、後始末や当面のルールが決められている。

　しかし関東大震災がその後の出版業界に与えた最大のインパクトは、10月1日に刊行された『大正大震災大火災』によってもたらされた。これはA5判300ページのソフトカバーになる書籍で、発行元は講談社である。内容は被害状況、市内各地でひろった震災悲話などのルポルタージュであり、モノクロの写真も何葉かはさまれ

ている。講談社では、当初この年の暮れに『キング』を創刊するつもりでスタッフを準備しており、その部隊が取材や編集にあたったという。9月23日付の読売新聞には「目下印刷中」と書かれた『大正大震災大火災』の出版広告が急ぎ掲載されている。震災からわずか一か月という早さも驚くが、この本の画期的だったのは、書籍でありながら雑誌として流通したことなのだ。

　雑誌と書籍の流通の違いとは、送る方法や料金、送り先である。雑誌の輸送は、郵便と同じく運賃が優遇されていた。そのため、雑誌として貨物にのせてよいかどうかは鉄道省が管理しており、勝手に変えることはできなかった。書籍についても、荷造り方法などがこまかく決められていた。しかし震災という状況で、書籍を送るための設備や資材がなかったことを理由に、講談社は特例としての雑誌扱いを鉄道省に交渉し、これを認めさせた。

　そのころ雑誌を売っている小売業者の数は、書籍の3倍以上あったという。前述のように、雑誌を売っているのは書店だけではなく、薬屋やよろず屋、旅館などさまざまな場所で雑誌を扱っていた。ただでさえ出版物が不足するなか、首都の災害をリアルに伝える本が売れる要素はすでにあったといえるだろう。だがいくつか出された震災関連の出版物のなかでも、『大正大震災大火災』の成功は飛び抜けており、要因は明らかだった。これを受けて、以降多くの書籍が雑誌と同じルートで売られるようになってゆく。それが出版界の復興を早めたとともに出版市場の拡大を呼び、円本ブームの舞台を整えることになったのだ。

　それとともに出版はふたたび東京に戻り、さらに出版事業のスケールが拡大したことで集中度を高めた。赤本屋が特価本屋になり、しばらくのちに円本を扱うように、周縁の産業はメインストリーム

に取りこまれ、居場所も隅田川周辺から神田に移ってゆく。かつての経緯から大阪の出版業が維持されていたことは、震災直後の補完機能を果たしたが、東京の大々的な復興によって、大阪出版のウエイトは相対的に狭められることにもなった。何よりも、ローカリティを特徴としていた書籍が、全国一律に配られる近代的な雑誌に合流したことが、構造の大きな変化をあらわしていた。

震災後の復興計画によって東京は大東京となり、新たな帝都が築かれる。関東大震災は、出版においてもその市場を拡大し、東京への再集中化を促すきっかけとなった。その下地は、産業の組織化を通して用意されていた。引金をひいたのが関東大震災であり、数多くの犠牲とひきかえに、近代の雑誌と前近代の書籍というふたつの異なるメディアから、まったく新しい書物の環境をつくる役割を果たした。その環境が、戦時体制を経て、今日の雑誌と書籍につながっているのだ。

5．補論として——東日本大震災と出版

今なお過ぎ去らない災害とその影響について、関東大震災と同じような視点から考察を加えるのは、時期尚早であるかもしれない。得られている情報も限定的なものにすぎず、事態は進行中である。それを承知の上で、あえてここに記しておこうとするのは、東日本大震災が日本の書物の環境にとって、ひとつの転換点になる可能性があると考えられるからだ。

2011年3月11日、東北地方を中心に襲った大地震は、日本社会にはかりしれない衝撃を与えた。地震に続く大津波、そして福島原発の問題は、社会システムの混乱とともに続いている。

この未曾有の震災によって、出版産業も多大な影響を受けた。日

本出版取次協会がまとめたところでは、被害書店は787店、商品総額は推定50億円（書店の仕入金額）に及ぶ。製作では、石巻や八戸にある製紙工場が被災し、千葉の市原ではインキの原料を作る工場が、コンビナート火災の影響を受けた。

　教科書の被害も甚大であった。3月11日というタイミングは、4月から使われる学校教科書が、各地の教科書供給所や取扱書店——かつての国定教科書特約販売所や取次店——で保管されている時期だった。東日本大震災で失われた教科書は50万冊、金額にして2億5,000万円と報じられている。

　そのかたわらで、本にかかわる多くの支援も行われた。全国の公共図書館では、メールや電話、ファックスを駆使して情報提供をサポートした。こうした支援には、阪神淡路大震災の経験が活かされている。またいくつもの個人や団体が、被災地に本を送り届ける活動をした。そのなかに、電子書籍の無償提供があった。

　集英社が配送できない『少年ジャンプ』の電子版を公開したことがたびたび報道されたが、出版社や電子取次による、医学関係の出版物や論文の公開もいち早く行われた。時間が経つにつれて、避難所や心のケアに関するもの、原発関連、法律や復興のデザインなど、各社が持っている電子出版物が逐次提供され、これらを自主的にまとめるサイトなどもあらわれた。また各大学図書館は、被災地の大学在籍者を対象に、それぞれの館が契約している電子ジャーナルが使えるよう手配をした。

　被災地では電子書籍など見ることもできない、というもっともな意見もあるだろう。だが、関東大震災をきっかけに、雑誌と書籍のボーダーラインがとりはらわれたことを思えば、支援の有効性とは別の次元で、およそ内容もスタイルも異なる電子出版物がためらい

なく提供された事実について考えずにはいられない。電子出版については、次のセクションでいくつかの視点から検討するが、さらにもうひとつだけ議論を先取りしておこう。

　この震災をめぐっては、災害の状況はむろんのこと、それにまつわる個人や組織の行動、情報ネットワーク、そして震災以前と以後について、記録し記憶する、さまざまなアーカイブプロジェクトが立ち上がっている。その多くは写真やウェブのようなデジタル技術によって通じて作られ、世界中で共有されている。多様な作り手によるこうしたアーカイブは、もっとも広い意味で電子出版に含めることができる。それはグーグルや図書館のデジタルアーカイブと深いつながりをもつが、アーカイブということがらそのものが、震災によってとくにデジタル技術と不可分に存在を増しているようにみえる。

　シンクロニシティというものは、準備されているところに起きる。まさに刻まれつつある新しい出版の歴史のなかで、この震災がどのように位置づけられるかを見届けるのは、今に生きる私たちの役目である。

第二部
デジタル・インターネット時代の出版

第6章 「電子出版元年」の四半世紀／作る技術と機械の本

1．21世紀の「電子書籍元年」

　米アップル社のタブレット型端末 iPad が発表されたのを機に、にわかに「電子書籍元年」というフレーズが世の中に溢れはじめたことは、まだ記憶に新しい。その少し前、アマゾンがキンドルという端末で電子書籍ビジネスに乗り出したことも重なっての「電子書籍元年」だが、その意味するところは本や出版の電子化というよりも、「デジタル機器で書籍を読む」ことに集中していた感がある。

　しかし出版の電子化は、それよりだいぶ以前から行われている。日本でも、1980年代のなかばにはすでに商品として発売されたものがあった。これは、iPad のアップルが、のちにマックの愛称で親しまれることになるパーソナルコンピュータ、マッキントッシュの一号機を発売したのと同じころだ。その後およそ四半世紀にわたって、目新しい製品が開発されるたびに「電子出版元年」といわれ続けてきた。

　図1は、日本の電子出版の流れを、時系列にしたがって便宜的に分類したものである。パッケージ系とオンライン系（フロー系）、端末のタイプによって分けている。ただしハードウェア、ソフトウェアやシステム、サービス、などが混在しているし、中にははっきり機能を分けにくいものもある。矢印は構造的なつながりを示しているが、「延長線上におくことができる」ということであって、必

図1 日本における「電子出版」らしいものの分類と変遷

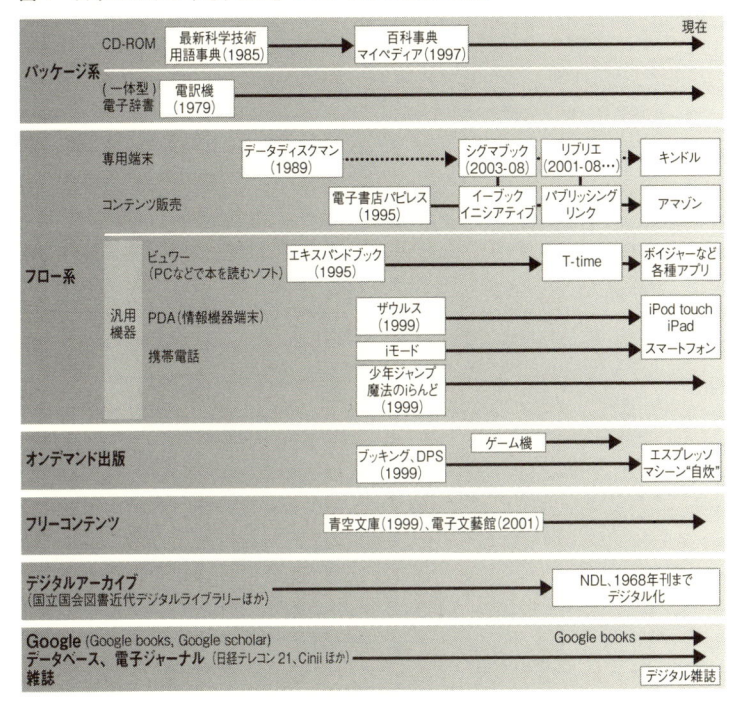

分類					
パッケージ系	CD-ROM	最新科学技術用語事典(1985) → 百科事典マイペディア(1997) → 現在			
	(一体型)電子辞書	電訳機(1979) →			
フロー系	専用端末	データディスクマン(1989) ┈→ シグマブック(2003-08) → リブリエ(2001-08…) → キンドル			
	コンテンツ販売	電子書店パピレス(1995) → イーブックイニシアチブ → パブリッシングリンク → アマゾン			
	ビュワー(PCなどで本を読むソフト)	エキスパンドブック(1995) → T-time → ボイジャーなど各種アプリ			
	汎用機器 PDA(情報機器端末)	ザウルス(1999) → iPod touch iPad			
	携帯電話	iモード → スマートフォン			
		少年ジャンプ魔法のらんど(1999)			
オンデマンド出版		ブッキング、DPS(1999) ゲーム機 → エスプレッソマシーン"自炊"			
フリーコンテンツ		青空文庫(1999)、電子文藝館(2001) →			
デジタルアーカイブ (国立国会図書館近代デジタルライブラリーほか)		NDL、1968年刊までデジタル化			
Google (Google books, Google scholar) データベース、電子ジャーナル (日経テレコン21、Ciniiほか) 雑誌		Google books → デジタル雑誌			

ずしも直接的な「進化」のかかわりがあるわけではない。この図は、代表的なものをいくつか配置してみたにすぎず、電子出版はその実、こうした図に表しきれるほど単純ではない。

　種明かしをしてしまうと、そもそも何を「電子出版」とするのかの明確な基準が存在しないのだ。どのカテゴリーで分類するか、あるいはどこまでの範囲をとるかによって、電子出版の議論はかなり方向性のちがったものになる可能性がある。たとえば「電子出版の時代がやってくるのか」という問いに対しては、まだまだ先の話であるともいえるし、すでにほとんどが電子化されているという解も

第6章 「電子出版元年」の四半世紀／作る技術と機械の本……69

たつ。とらえかたによって、両極端の答がありうる。

したがって電子出版といわれるものは、単線ではなく複数の道筋からしかとらえることしかできない。そうした何通りかの道筋を知るために、本章から9章まで、現在まさに進行形のこのテーマを、いくつかの切り口から観察していくことにしたい。

2．コンピュータで出版する

日本で最初に発売された電子出版物は、三修社によるCD-ROM版の『最新科学技術用語事典』（1985年）である。三修社はドイツ語の辞書で実績のある出版社だが、最初の電子本が事典だったのは、電子出版のなりたちを考える上でたいへん重要だ。電子出版の一般的なイメージは、前述のように、デジタル化された文字をハンディな機械端末で読む、といったところだろう。だが順序としては、読むほうではなく、むしろつくるための技術として電子出版は始まったのである。あるいは、「コンピュータを用いた出版」と考えてみるとよい。グーテンベルクから数百年ののち、コンピュータというものがあらわれる。これを出版に使う。

コンピュータにはいくつかの特性がある。かつて電子計算機と訳されたように、もっとも得意なのは計算だ。指示に従ってものごとを一度に処理すること、たとえば事典のように、大量のデータからインデックスをつくったり、並べ替えたりする作業ではとくに威力を発揮する。

さらに、一度つくったものをデータとして蓄積し、書き換えていくような作業にも適している。活字を組み合わせてそのつどつくる活版は、大幅に変更があるとすべてを手でつくり直さなければならない。しかしコンピュータを使えば、書き換えは比較的簡単にでき、

一定のパターンを保存しておくこともできる。アナログの工程では、完全にそろった原稿をできあがり順に入稿しなければ、印刷会社は作業にかかれない。しかしコンピュータを使えば、どこから入力しても、適切に指示をすれば自動的に組みかえることが可能になる。

　こうした特性を利用したのが、コンピュータによる組版システムといわれるものだ。コンピュータによる版づくりは1960年代に始まって、1970年代には印刷会社や新聞社が大規模に導入、のちにはDTP（デスクトップ・パブリッシング）が加わる。

　話をもとに戻せば、最初に発売された電子出版物が事典だったことが、以上のようなコンピュータの特性と大いに関係したのは納得がゆくだろう。また同時にその特性は、ものごとをランダムに検索するという、事典の利用目的ともきわめて相性がよい。大量のデータとプログラムを収められるCD-ROMがあらわれたことで、事典のデジタル化は実現性の高いものになった。

　『最新科学技術用語事典』以後、岩波書店『広辞苑　第三版』（1988年）、マイクロソフト『エンカルタ　エンサイクロペディア』（1993年）、日立デジタル平凡社『世界大百科事典プロフェッショナル版』（1998年）など、多くの出版物がCD-ROMで刊行された。国立国会図書館が2008年度に実施した委託調査では、出版社がこれまで刊行した電子出版物の約6割をCD-ROMやDVD-ROMが占める。

　少し補足しておくと、デジタルとアナログの大きな違いは、ものごとのつながりにある。アナログは、ひもで結ぶようにしてひとつひとつの事柄をつないでゆく。まさに芋づる式というもので、文脈をたどるにはよいが、直接つなげる項目に限界がある。ひもの端は二か所しかないから、最初にひとつの規則（たとえばあいうえお順）を選択すると、それ以外のつながりは関連項目として〈参照〉とし

るし、道筋を示すことしかできない。しかしデジタルの場合、要素はどれも独立した単位なので、いつでもつけたり切り離したりすることができる。そのような相互参照の技術としては、ハイパーリンクがよく知られているが、デジタル事典のなかにはあいうえお順、年代順、人名など、何通りかの方法で事物を検索できる方式をとっているものがある。

　紙の本でも、ごく例外的だがそうしたものがないわけではない。『広辞苑』が 1992 年に第四版（四回目の改訂版）を出したとき、『逆引き広辞苑』というものを同時刊行した。『広辞苑』に収録したすべてのことばを語尾順に再編集した辞典である。逆引は、韻を重視する西欧の言語ではすでに存在したものだが、日本語でも、「葉桜」「山桜」、「雪男」「伊達男」のように、下につく語から意味が展開する場合がある。また意味は関係なくても音が似ている語の配列に、思いがけないユーモアや、ことばの豊かな広がりが発見できる。『逆引き広辞苑』は、それこそ逆立ちをして世界を見るような面白さで評判になったのだが、このユニークな事典を可能にした背景にコンピュータの技術があったことは、いうまでもないだろう。『逆引き広辞苑』は紙の本として売ることをおもな目的に編まれた事典であるが、作られた構造を考えれば隠れた「電子出版」といえるのではないだろうか。

3．電子のパッケージと機械の本

　CD-ROM が広まった大きな理由として、これが紙の本と同じくパッケージ状の出版物だったことも重要だ。ことに初期の CD-ROM 本のつくりには、紙の本のスタイルが強く意識されていた。本にしては高価ということもあってか、ケースには紙の本でもほとんどみ

かけなくなった上質の紙の函(はこ)が使われたりもした。背表紙や帯も、本と並べて違和感がないために工夫された。CD-ROMを冊子のとじこみ付録にするやり方もあり、こちらはパソコンの入門書などに多い。つまりは、書店で売ることが前提とされていたのである。多くの電子出版物が鳴り物入りであらわれては、いつの間にか消えるなか、CD-ROMが電子出版であることを忘れられてしまうほど定着したのは、生産と流通の主体が本と変わらなかったためである。

　ところで電子の事典には、もうひとつタイプの異なるものがある。もはや一般名詞となった「電子辞書」、機械と中身が一体になった電卓型の事典である。「電卓型」と表現したのは単なるたとえではなく、電子辞書はカシオやシャープなど、1970年代に電卓を量産したメーカーが手がけている。

　機器メーカーの電子辞書は、あたりまえだが機器を売ることを第一の目的として開発される。電子辞書の場合、デザインや性能に加え、どんな辞書が入っているかが売上げの大きな決め手になるので、出版社に協力を得る必要が生じる。CD-ROM事典の開発も、むろんディスクや機器をつくるメーカーとの協同で行われている。技術の裏づけなしには、オリジナルの製品は作れない。だがCD-ROM出版の発想の根底は、やはりコンピュータやデジタルメモリの能力を出版にいかす点にあり、そういう意味ではCD-ROM事典はあくまでも出版物だ。

　しかし電子辞書は違う。電子辞書においては、中身である出版物の電子化ではなく、紙の本から機械の本へと道具をうつすことが先決なのである。これは大きなターニングポイントで、「デジタル機器で書籍を読む」に重きをおくなら、電子出版の元年は電子辞書であるというべきかもしれない。電卓に似た電子辞書には保存用の函

も帯もついておらず、本の形をしていない。おもに家電店で売られ、書店では文具や雑貨として扱われている。電子辞書は、端末機器にダウンロードするスタイルのいわゆる「電子書籍」と、ほぼおなじぐらいの市場をもっている。にもかかわらず電子出版の話のなかで見過ごされがちなのは、家電店を中心に売られてきたためであろう。

　CR-ROMと電子辞書、ふたつの「電子の事典」が分岐、または合流する地点は、持ち運べるCD-ROMプレイヤー、データディスクマン（1989年）の登場に見出すことができる。電子辞書は手ごろでコンパクトだが、容量が小さい。パソコンとCDドライブは、容量はじゅうぶんだが高額であり、使える環境も限られる。データディスクマンは、それぞれの弱点を解決する製品として画期的だった。汎用性と携帯性を兼ねそなえ、コンテンツを特定しない、リーズナブルな電子ブックリーダーのはしりである。

　機械と中身――ハードとソフトは、おそらくここで初めてパラレルになった。本を読むための機械と、機械で読むための本が、レコードとプレイヤーのようにそれぞれ普遍的なものになった。データディスクマンの名が、おそらく同じソニーが発明した携帯音楽プレイヤー、ウォークマンから連想されていることは、偶然ではない。そして機械と中身は、パラレルになると同時にカップリングされるようにもなった。ただ漠然とした電子出版ではなく、ここから「何で何を読むか」が問題になってきたのだ。すなわち、「デジタル機器で書籍を読む」ことが電子出版のひとつの到達点に目されるようになる。

4．電子のガリ版

　いったん整理をしよう。ここまでは、つくる技術としてのコンピ

ュータの利用、「本」および「機器」としてのそれぞれの電子辞書の議論をとおして、電子出版の大筋を追ってきた。データ処理や書き換えの得意なコンピュータは、組版に利用され、事典として出版物に応用されるようになった。最初の出版物である CD-ROM は、「本」の体裁をもつ電子出版物であったが、機械メーカーがつくる電子辞書においては、機器に組み込まれる要素となった。さらに、ニュートラルな携帯再生装置が開発されたことによって、機械と中身の組み合わせが「電子出版」を意味するようになった。

しかし最初に述べたように、電子出版の全容はもう少し複雑だ。機械と中身の組み合わせによる「電子出版」は、このあとインターネットの登場によってさらに枝分かれし、いくつかのバリエーションを奏でながら私たちの生活に接近する。やがてあらわれる iPad やキンドルもその中に位置づけられるが、この点については次章に詳しく考えることとして、「つくる技術」としての電子出版の展開にもう少しふれておきたい。

出版に活かせるコンピュータの能力には、量のほかに質を重ねていくデータ処理がある。いわゆるマルチメディアである。文字のほかに、音やさまざまな種類の画像を組み合わせることによって、今までにない出版物をつくり出せる。さらに加工しやすいデジタルデータの特性をいかすなら、文字や画面を拡大したり、音声に変換したりして、高齢者や障がい者の読書に役立てる方向もある。いずれも電子出版の原点に忠実なものであるだろう。

DTP も、コンピュータのマルチな処理能力から生まれたものだ。DTP、デスクトップパブリッシングとはパソコンを使った編集システムで、専用のソフトを組み込めば、入力した文字や図版のレイア

ウト、版下づくりなどの一連の本格的な作業が、卓上の小規模な設備でできてしまう。メディアを考えるときに、つくる技術がどれほど重要であったかは、グーテンベルクの活版印刷を思い出してほしい。グーテンベルクの印刷革命のひとつは、規格化・標準化によって、さらには商業化によって、読み書きが教会や大学のように特権的な場所から日常におりてきたことだった。DTPは、製作の工程を大幅に省力化した。だがグーテンベルクの例にならえば、専門の業者から個人へと、作る技術を手渡したのがDTPであるということもできる。

　もちろんそれ以前にも、パーソナルな出版技術はアナログで存在した。もっとも簡単なのはガリ版だ。ミニコミや同人誌、報告書のように部数の少ない出版物をつくるときは、予算があれば町の印刷屋を頼み、なければ自分でガリ版を使った。ガリ版とはロウがひいてある専用の紙に文字をガリガリと書きけずり、これを版にしてローラーや小さな輪転機で刷る簡易印刷機である。正式には謄写版印刷という。長年ガリ版に親しみ、ミニコミのような「小さなメディア」の必要を説いてきた編集者の津野海太郎は、著書『本はどのように消えてゆくのか』の中で、DTPを現代のガリ版になぞらえることを提案している。

5. 書く道具としての「ケータイ」

　そのように考えれば、ワープロやコピー機も一種の電子出版製作技術である。実際にDTPを使いこなしてパーソナルな出版物を作っている人は多くないが、ワープロとコピーを組み合わせた出版物は、日々膨大に生み出されている。さらに「書く機械」には携帯電話も含まれる。日本に特異な現象ではあるが、携帯電話の用途とし

て最も多いのは、通話ではなくメールである。物心ついたときからケータイを使っている世代の中には、文字を打つのにキーボードよりケータイのほうが速い人もいる。

『電子書籍ビジネス調査報告書』が毎年発表している日本の電子書籍市場のうち、携帯コンテンツは９割を占めている。おもなものはマンガで、ほかに写真集、ケータイ小説などがある。インターネットの端末機としても「ケータイ」はポピュラーで、前出総務省の「通信利用動向調査」によると、個人のインターネット利用機器としてはパソコンを上回る。

こうした実態から、「ケータイ」は電話ではなく、どこからでもインターネットにアクセスできる「モバイル端末」であり、さらにカメラなども搭載した多機能の「汎用機」と位置づけられることが多い。あとで述べる電子ブックリーダーに比べて、ケータイコンテンツが電子書籍として優位なのは、機械の手軽さとデザイン性、「電子書籍」を読むだけなくいろいろな用途に使える汎用性であるという指摘だ。

たしかにそうした側面はあるだろう。しかしケータイの汎用性とは何よりも、「読むため」だけではなく、「書くため」に開くところにあるのではないか。手紙を書き、日記を書き、「小説」を書く道具としてケータイは使われ、書いたものをウェブ上におくことによって、「知らしめる」ことも可能にしている。ケータイ小説を常時10万点掲載している「魔法のｉらんど」が、少女たちのブログサービスであったことは、第１章で触れたとおりである。また汎用機には、ビジネスマンなどに人気のあったPDA（Personal Digital Assistant）やプレイステーションなどのゲーム機も含まれるが、PDAは電子手帳に多彩な機能を加えたもので、やはり「書く」ところから派生している。

繰り返すようだが、デジタルやコンピュータの根本は、物理的なプロセスの省略にあるのではなく、複数のものごとをパラレルに処理できるところにある。ともに特異な広がりをした「ケータイ」と「ケータイコンテンツ」について、日本文化の独自性を主張することは慎みたいが、電子出版における携帯電話へのポジションは、このような「作る技術」からとらえることもできる。

6．電子書籍を自作する

コンピュータで本を作る技術はもうひとつある。スキャナで紙の本を読み込み、そのデータをパソコンやiPadに入れて、電子書籍にしてしまうというものだ。デジカメでとった写真を、メモリーカードやパソコンに溜めておくようなものと思えばよい。

第9章で述べるように、英語圏や中国では、大規模な資本の投入による、書物のデジタル化が進みつつある。日本でも国立国会図書館が精力的な電子化をすすめているが、一般に手に入る電子書籍は、まだほんの数パーセントにとどまっている。そのため、本を読むのに適した端末機を持っている人の中には、上記のような方法で、自分で本を作ってしまう人が少なからずいるのだ。

もちろん、市場に流通している本を勝手に電子書籍にして、友達に譲ったり販売したりすれば違法である。ただしテレビ番組の録画と同じで、個人が私的利用のために行う場合に限っては、著作権には触れない。根気のいる作業を称して、自分で電子書籍にしてしまうことを「自炊」といったりもする。

これに近いことを合法的に行っている事業に、オンデマンド出版がある。オンデマンド出版は、すでに品切れになっている本をスキャナでデジタル化し、必要に応じて印刷製本する小部数出版である。

ゼミ用のテキストとして数十部だけ作りたいとか、大きな活字にしたものをいくつか作りたい、といった要望に対応できる。オンデマンド出版を専門に行うブッキングなどの会社は、ウェブ上でリクエストを募り、数をまとめて復刊することもある。

さらに最近では、その場で一冊だけ作れる、エスプレッソ・マシーンのような印刷製本機もあらわれている。オンデマンド出版の場合は、最終的に冊子として出力されるところが「自炊」とは異なっている。だがどちらの場合でも、冊子にするのか電子のままにしておくのかは、いつでも変更できるので、本質的な問題ではない。メールで送られてきた文書をプリンタで打ち出すか、画面で見てすませるかほどの違いでしかない。

「自炊」やオンデマンド出版がそれまでの作る技術と違うのは、これが「コンピュータで作る」のではなく、「コンピュータで電子の姿にする」ところにあるのだろう。コンピュータの能力を出版にいかすのではなく、電子化するという目的のために、コンピュータを利用するのだ。

最初からデジタルの姿をした電子書籍のことを「ボーンデジタル」という。これからはそのようなものが増えていくだろう。だが、紙の上にしか残っていないものも、こうしてデジタル化することができるようになり、理論上は有史以来のすべての書物を「電子書籍」として読むことが可能である。すべての本を容易に電子化できるとわかったとき、人は何を考えただろうか。それについては９章で述べることとして、次章ではいよいよ「デジタル機器で本を読む」電子書籍の論点に入ろう。

第7章 デジタル機器で本を読む／電子書籍の流通デザイン

1．読書の近未来イメージ

「デジタル機器で本を読む」ことは、近未来の読書のイメージとしてたびたび描かれてきた。それが現実味を帯びてきたのは、やはりウインドウズ 95 の登場とともにパソコンとインターネットが普及しはじめた 90 年代半ばあたりだろう。オンラインによる書籍サービスも 1995 年から始まっている。インターネットを通じてテキストをダウンロードし、手持ちの端末機器で読むものだ。このような端末機をデバイスという。

しかし、インターネット書店がほどなく事業として見通しをつけたのに比べ、オンラインの電子書籍は大きく前進しないまま今日を迎えている。日本では 1999 年から 2000 年にかけては業界をあげて大々的な実証実験が行われ、2004 年には主要出版社と大手メーカーとの共同事業がふたつ相次いで発足したが、いずれも実を結ぶには至らなかった。

アマゾンのようなインターネット書店は、流通の入口部分をデジタル化しただけで、売る本は変わらない。CD-ROM や電子辞書は、本としてはデジタル化されていても、流通はアナログだ。オンライン書籍はその両方を組み合せたデジタル度の高いモデルなので、時期尚早だったという意見もある。

だがそうだとしても、もう少していねいに観察してみる必要があ

りそうだ。2004年の電子書籍サービスは電子書籍リーダーとコンテンツ配信とがペアになったもので、現在の事業スタイルと大きくずれてはいない。デバイス機器はいずれもすぐれていたし、コンテンツも著名な書籍出版社から提供されていた。ゆえにこのときも、新事業の紹介記事には「電子書籍元年」という見出しが躍っていたのだ。

にもかかわらず、ふたつのオンライン書籍事業はほどなく事実上の撤退をしている。iPadやキンドルによる「電子書籍元年」が訪れる、わずか2、3年前のことだ。もちろん、今回の「元年」がどれほどの実態をもつかはまだ明らかではない。したがって、前後をひき比べて前者の「敗因」を示そうという意図はまったくないが、両方をあわせ、連続したケーススタディとしてみていくと、オンラインによる電子書籍の論点が、ある輪郭を帯びてくる。その論点とは、「デジタル機器で文字を読むこと」の日常化と、流通のデザインである。

2．電子を本に近づける

まずは先のケースについて、内容を確認しておこう。2004年のプロジェクトは、松下電器（現パナソニック）のシグマブックと、ソニーのリブリエのふたつのデバイスを中心にすすめられた。各々メーカーと印刷会社、複数の出版社が入ったグループを作り、コンテンツはウェブ上に設けた共同電子書店からパソコンでダウンロードする。シグマブックとリブリエは、それぞれダウンロード元が決まっており、互換性はない。

このように、ふたつの事業はいずれも電子書籍リーダーを軸として組み立てられている。データディスクマンあたりから、電子出版

の認識が「何で何を読むか」に転換したことは、前章で述べた。機械と中身の組み合わせだが、中身のほうはすでになじみ深い本である。そのため「電子出版」における実際の注目は、ほぼ製品としての機械の目新しさに集まる傾向があった。大手機器メーカーの、出版社とは規模で比較にならない宣伝力によるところも少なくないが、これは出版におけるデジタル化のポイントが「つくる」から「読む」へとシフトしたことをも示している。

シグマブックやリブリエの使用法としてイメージされたのは、おもに小説やビジネス書などの読みものだった。本のように長時間手に持って、電車の中で、また時には寝転がって読むために、厚さや大きさ、重さが検討された。紙とインクに近い質感を再現するために、最先端の電子ペーパー技術がディスプレイに使われた。シグマブックの場合は、本のように画面が見開きになっていた。そのほかページをめくる、線を引く、しおりをはさむなど、本を読むときのさまざまな動作が機能として盛り込まれた。

作る技術を基盤にした事典では「いかにデジタルの強みをいかした本を作るか」が電子化の積極的な動機になっていた。これに対して読む技術である電子書籍リーダーのメインテーマは、「いかに紙の本に近い機械を作るか」だったのである。

3．電子書籍リーダーの受難と復活

デジタル表示を紙の本に近づけることは、それ以前にも行われていた。パソコンにダウンロードしたオンライン書籍を快適に読むために、画面上のテキストを本のページのようなイメージに変換できるソフトウエアはそうしたものだ。このようなソフトをビュワー（Viewer）というが、自分のパソコンにビュワーをいれて使うプロ

セスは、電子書籍を「作る」ことに近い。初期の代表的なビュワーであるエキスパンドブックは、作ることと読むことが表裏一体のソフトであり、「エキスパンド（拡張）」という名が示すように、紙の本とは異なる可能性が意識されていた。

けれども、あらかじめビュワーが仕込まれ、製品として完成した電子書籍リーダーに対する意識は、そうではない。読む機能は、選択的にカスタマイズされるのではなく、所与の条件とみなされる。その結果、電子書籍リーダーの「完成度」は多くの場合、どれほど紙の本を忠実に再現できているか、ではかられるようになる。

このように、電子出版への関心が、読む道具としての電子書籍リーダーに集中し、しかも紙の本がその機器の評価基準になったことで、電子出版全体の議論はむしろ矮小化した。あたかも人間とロボットを比較するように、紙の本との比較による優劣でしか、電子出版というものが語られなくなってしまったのである。オリジナルとコピーでは、前者に分があるのは当然だ。しかも、読む道具として紙の冊子はいまだにすぐれているために、「電子書籍は（いくら真似ても）紙の本にはかなわない」という結論が、たやすく導き出されてしまうことになったのだ。

その点からすれば、iPadやスマートフォン、その系譜であるケータイやPDAはどうだろうか。目的の異なるこれらのデバイスは、小型化したパソコンとの境目ももうほとんどなく、紙の本であることを端から期待されていない。前章で述べたように、それらがもたらしたのはデジタルで「書く＝打つ」ことであり、「書くこと」と「読むこと」の統合だ。さらにインターネット上では、2000年代の半ば以降、ブログやツイッターなど、テキストを読み書きするためのフォーマットがフリーソフトのように広がった。画像や音声も組み

合わせて、誰でも簡単にマルチメディア出版ができる。

　ここから観察されるべきは、電子書籍リーダーとスマートフォンの機能比較ではない。ポイントは、「デジタルで読む」という命題が、「紙からディスプレイへ」という流れにおいては抵抗があってうまくいかないのに、「書くことから読むことへ」、あるいは「作ることから読むことへ」という流れの中では、スムーズに移行している点だ。作る機能をもつ端末では、デジタルとアナログの違いが理解されているため、表示されるテキストや機能に「本と同じ」完成度が求められない。「そこそこ読める」程度でも、じゅうぶん評価されてしまうのだ。

　実際、iPhone用に作られた青空文庫のビュワーなどは、ごく簡単に手に入るうえにかなりよくできているので、電子機器で本を読むということが、とてもリアルに実感されるようになった。このところの電子書籍問題が、ラジオの帯番組や週刊誌で普通に語られるのは、このようなパーソナルなデジタル環境が、「本」とほぼ同じ水準まで日常化したことを示している。

　電子書籍リーダーは、このあと検討する流通の問題が解決すれば、この先かなり普及していくだろう。読むことに特化した電子書籍リーダーは、電子ペーパーを使っていて目の負担が少ない、電池が長持ちするなどの利点がある。だが何よりも、電子書籍リーダー以外の機械から「デジタルで読む」ことが日常化したことが、電子書籍リーダーの普及を助けるだろう。「そこそこ」を知っている身には、電子書籍リーダーは快適だ。読書の未来型として何度も描かれたそれは「紙の本のデジタル化」としてではなく、ノートパソコンや携帯やスマートフォンを経由し、たぶん「デジタルで読む」ための選択肢のひとつとして、私たちの手元にやってくるのである。

4．電子書籍の流通デザイン

　オンライン書籍は、流通がオンラインであること、すなわち物理的な流通を介さないところにもうひとつの大きな特徴がある。日本の出版産業が取次―書店という流通を中心に成立していることは何度か述べたが、電子書籍の流通は、それとはまったく無関係に行われている。原理的にはどのような組み合わせでもネットで接続することが可能なので、「流通中抜き」論や、さらには作家が直接読者に配信すれば出版社すら要らないとする説がある。これも電子書籍のよくある議論だ。だが結論からいえば、電子書籍にとって、流通は決定的に重要なファクターである。

　現在オンラインの電子書籍は、さまざまなタイプのウェブサイトから配信されている。出版社、印刷会社、ITサービス会社、携帯通信会社、書店、取次会社など運営者も多様なら、名称もデジタル書店、コンテンツ配信サービスなどいろいろある。とりあえずここでは、まとめて電子書店と呼んでおくことにしよう。

　電子書籍の流通は、パソコンを例外として、デバイスとの組み合わせで設定されるケースが多い。通信会社別の携帯サイト、シグマブックやリブリエのような、電子書籍リーダー別の書店もこのパターンである。機器によって規格が違うことによる必然性もあるが、機器とコンテンツ流通をペアにする手法は、機器を独占的に売り伸ばし、ユーザーを囲い込むためにも使われる。携帯会社の場合は、もちろん通信も含まれる。

　このようなパターンでは、常にユーザーにとってのアクセシビリティが犠牲になる。使う側からすれば、機器によって読めるものが限定されてしまうのが不自由だ。まして電子書籍のような分野では、人気アイドルのプライベート写真集などよほど強力なコンテンツで

ない限り、それを動機に機器を買うことはないだろう。

　ただし、デバイスと流通が分かちがたく結びつき、トータルで魅力のあるデザインになっていれば話は別だ。アップルとアマゾンが実現してみせようとしているのは、そうした新しいモデルであるようにみえる。「電子書籍元年」の文脈の中での両者は、あいかわらず機器の性能で比較されがちだが、iPadとキンドルの本当に画期的だったのは、流通に重点をおいた事業デザインである。

（1）iPadのプラットフォーム

　アップルは、iPadの前身であるiPodから一貫して流通デザインを重視してきた。iPodは音楽用のデジタルプレイヤーだが、コンテンツの出し入れ、変換やダウンロード、編集、管理はすべて、iTunesというアップルのフリーソフトを使い、パソコン上で行う。そのためiPodの中身をかえるときにはパソコンにつながなければならないが、負荷の多い作業をパソコン側で処理することで本体の設計を軽くできる。iPodは子機であり、iTunesはすべてを備えた母屋のようなものだ。

　機能やダウンロードできるコンテンツを増やしたいときは、iTunesをバージョンアップすればよい。iTunesのような基盤をプラットフォームというが、これがあるおかげで、何か複雑なものを足しても、デバイスへの流れはシンプルなまま保たれる。インターネットを通じて携帯端末に何かをダウンロードするのはiPodも電子書籍も同じだが、デバイスへの中継所となる場所に、ホームとしての大きな役割を持たせていることが、流通の安定感につながっているのだ。

　タブレット型端末iPadの場合は、デバイス自体がiTunesの機能

を果たしている。iPadの前身には携帯電話機能をもついわゆるスマートフォンのiPoneと、通話はできないが無線LAN接続可能なiPod touchがある。いずれも手のひらサイズのiPadである。この一連のデバイスは、頻繁にインターネットと接続して使うものだが、基本に用意されているのはメールとウェブサイトを見るためのブラウザ、iPodと共用の音声動画ダウンロードサイトであるiTunesストアしかない。その代わりに、Appストアという別のプラットフォームを用意して、ユーザーが自由にiPadのメニューを編集できるようにした。

　Appストアには、iPadなどで使えるさまざまなアプリケーション（アプリ）が集められている。よく使われているのはゲーム、料理レシピ、天気予報、単語帳などで、新聞や雑誌、電子書籍もこのアプリのひとつという扱いになる。アプリには有料と無料とがあり、ユーザーは気に入ったものをボタンひとつでダウンロードできる。配布されているキットを使えば誰でもアプリを作ることができるので、個人が提供しているものも無数にある。

　こうしたアプリの内容は、アップルが一定のコードにしたがって管理をしているが、ストアの設計は基本的にオープンで、分類も最低限にとどめている。

　デバイス本体はシンプルにしておき、ユーザーが好きなようにアレンジして使う。ソースを公開し、バザールのような形式でアプリケーションが集まるようにしておくと、コンテンツが自然に増えて機器の有用性があがる。使うこと、作ることに流通を一体化させ、トータルの価値が自己増殖するよう仕向けていくのが、アップルのデザインである。

図1・2 アップルとアマゾンの流通デザイン

アップルのコンテンツ流通

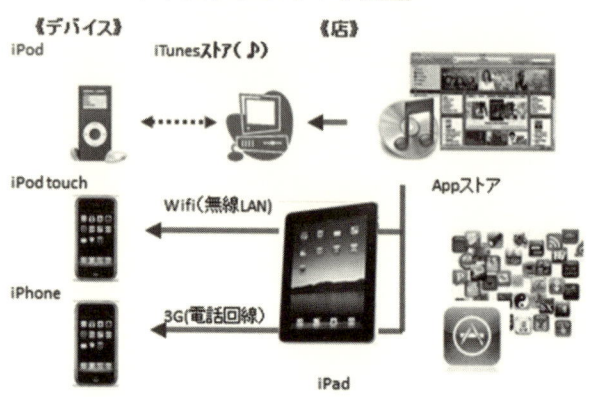

《デバイス》　iTunesストア(♪)　《店》
iPod

iPod touch

Wifi(無線LAN)

Appストア

iPhone

3G(電話回線)

iPad

Amazon—Kindleのコンテンツ流通

Kindle　　　　　　　　Amazon.com

Kindle for iPhone
　　　 for PC

Wikipedia

（2）流通からはじまるキンドル

　いっぽうの電子書籍リーダー、アマゾンのキンドルは、流通の重要性をより端的に気づかせてくれた。キンドルのしくみも単純で、電源を入れるとインターネットでアマゾンのキンドルサイトにつながり、わずかな時間で書籍や雑誌、新聞などがダウンロードできる。

　この接続はアマゾンが敷設負担しているので、インターネットの契約をしていなくても自動的につながり、使用料を払う必要はない。接続できるのはアマゾンとウィキペディアほかに限定されていたが、すべてのウェブサイトにアクセスできるモデルも実験的に提供されている。

　ただしデバイスとしてのキンドルに、とりたてて新しさやインパクトがあったわけではない。テキストを読むことに比重をおいたモノクロ電子ペーパーのデザインは、一見してソニーのリブリエにたいへんよく似ており、実際に参考にしたともいわれている。それでもキンドルが世界中を驚かせ、「電子書籍元年」の強力な根拠になった理由は、それが世界一の出版流通グループ企業、アマゾンに接続する端末だったからである。

　もしろん、アマゾンで売っている本がすべて電子書籍として読めるわけではないが、他を圧倒するインターネット書店の実績は、期待値となってキンドルを後押しした。これさえ持っていれば、ひととおりの本はほぼ手に入るだろうという見込みが、キンドルには生まれながらにあったのだ。また電子書籍を増やすために、アマゾンも作成キットの配布を始めている。さらにいえば、個人でも使えるこのキットで手持ちのテキストやPDFファイルをキンドル用に変換すると、より快適な「電子書籍」として読めるようになる。

　アマゾンの電子書籍販売は、流通企業がその本業を最大限いかし

て事業を立ち上げている点に、他の電子書籍モデルにはなかった強みがある。キンドルも iPad を意識した液晶型を出すなど機能を"進化"させてはいるが、書店であるアマゾンは、本を売るという主目的をまだ崩していない。たとえばアマゾンの電子書籍は、実はキンドルを買わなくても iPhone やパソコン用のアプリ（Kindle for iPhone など）を使って読むことができる。デバイスと流通が組み合わさっているのは同じでも、あくまでアマゾンという巨大なプラットフォームの子機として作られたのがキンドルという電子書籍リーダーなのだ。

　以上のように、iPad とキンドルは、事業モデルもデバイスも対照的だが、流通を事業デザインの要においている点で共通している。液晶と電子ペーパー、カラーとモノクロなどハード面で比較されることが多い特徴も、各々の流通スタイルの違いによるものと考えればわかりやすい。このように電子書籍事業においての流通は、中抜きにされるどころか、その設計こそが産業構成の柱であり、デバイスやコンテンツの製作をも左右する要素である。流通構造のようにふだん目に見えないものは、社会の前提が大きく変わると、大きくクローズアップされることになる。

5．電子書籍ビジネスと電子出版

　最後に、日本の電子書籍ビジネスの動向について触れておこう。iPad ではおもに新聞や雑誌のアプリが始まっているが、書籍は総量からすればほんのわずかにとどまっている。キンドルは日本語対応を始めたが、2011 年 10 月時点で和書を買うことはできない。供給元である出版社の多くが、さまざまな理由で電子書籍を出すところにまで至っていないからだ。

現在電子書籍を事業と考える人々の間では、これをどのように流通させるかが火急の課題となっている。携帯を中心に、複数のデバイスが使われている日本の電子書店では、自分の機器にあったダウンロード方法を選べる方法が一般化しているが、産業として拡大するためにはまず規格を標準化し、互換性をたかめていくことになるだろう。

　また現行の法制度はデジタル環境を前提としていないため、著作権をはじめとして、必要に応じて法律や制度をリーズナブルなものに改正する必要がある。こうしたことは、日本の電子書籍の流通プラットフォームをどのようにデザインするかということとあわせて、すでに各省庁や関連機関、関係者が協議を始めている。

　たとえば2010年の前半に開かれた総務省、文部科学省、経済産業省の3省合同による「デジタル・ネットワーク社会における出版物の利活用の推進に関する懇談会」では、いくつかのテーマごとついて具体的な検討が行われ、その後もこれを引き継いだワーキンググループがいくつか稼働している。さらに、次章でのべる国立国会図書館も電子書籍の保存や流通プラットフォームについての提案を行っており、日本の電子書籍ビジネスは官民の合意で描かれるアウトラインに沿って、進められていくのかもしれない。

　だがたとえそれが青写真どおりにいかず、また電子書籍が採算のとれる事業として成立しなかったとしても、それで電子出版が現実離れしていると決めつけるわけにはいかない。これまでみてきたように、電子出版とは本を作り、使い、読み、流通するという出版のいとなみが、デジタルの環境を与えられて複合したり分かれたりしたものだ。それはすでに電子出版元年といわれる前から存在し、社会のなかの書物や出版を少しずつ変えている。次章では、そのようにして蓄積されてきた書物のデジタル化について考えることにしたい。

第8章 ビジネスと図書館のあいだ／グーグルとデジタルアーカイブ

1．デジタルライブラリーとグーグルブックス

　本を蓄積し、公開するためにデジタル技術が使われた歴史をひもといてみると、個別の著作を集めた嚆矢といえるのは、おそらく1971年のプロジェクトグーテンベルクだろう。活版印刷の父にちなんで名づけられたこのプロジェクトは、著作権がきれている状態（パブリックドメイン）にある本をボランティアの協力によって手作業でデジタル化し、インターネット上で公開するものだ。

　同じように文書をデジタル公開する試みとしては、プロジェクトグーテンベルクの日本版である青空文庫や、ウェブサイトの保存を続けてきたインターネットアーカイブ、各種図書館・文書館などがあるが、その方法論をめぐって大きな社会問題となったのが、グーグルのプロジェクトである。

　グーグルは、1998年にスタンフォード大学院生だったラリー・ペイジとセルゲイ・ブリンが創設、たちまちインターネットの検索エンジンとして不動のものとなり、広告をおもな収益源として年商300億ドル規模の巨大企業に成長した。彼らが創業以前からあたためていたという本の検索サービスが、グーグルブックスだ。

　2004年にグーグルプリント（のちにグーグルブックサーチと改称）という名称で発表されたこのプロジェクトは、リリース後に米国内で起こされた訴訟に端を発し、世界的な議論を巻き起こすことにな

った。ではなぜアメリカで起きた訴訟が、国際的な問題になったのだろうか。またそれは、ほかのデジタルライブラリーとどのような関係にあるのだろうか。以下、順を追って「グーグル問題」の要点を整理していくところから始めよう。

　グーグルブックスをひとことで言うなら「あらゆる書物をデジタル化し、グーグル検索できるようにする」プロジェクトである。これは「世界中の情報を整理し、世界中の人々がアクセスできて使えるようにする」という、グーグルの壮大な企業コンセプトに基づいている。

　グーグルブックスのサービス内容は、大きく分けて三つある。
　①キーワードによる出版物の全文検索
　②内容の閲覧・入手
　（ネット上での閲覧、プリントアウト、ダウンロードなど）
　③冊子体の本を閲覧・入手するための図書館や書店へのリンク
　①は、グーグル検索と同じように、任意のキーワードを入力すると、そのキーワードを含む書籍と当該ページが表示される。元になる書籍は画像で読みとるが、検索にかけるには中身が文字データになっている必要があるので、画像からを個々のテキストを認識するOCR技術を使って変換する。

　②は、グーグルブックスがもっているデータを、何らかの形で見たり入手したりすることができるサービスである。ダウンロードできるところから画面上での部分閲覧まで、いくつか段階があり、著作権の有無や、権利者の意向などによって、可能な範囲が異なっている。全文が見られるものについては、ダウンロードの可否のほかに、有料か無料かの区分がある。著作権が存続しているものは原則として有料、消滅しているものは無料である。全文を見ることがで

きない場合には、キーワード検索で出た結果を含む部分（「スニペット表示」とよばれる）、もしくはその前後数ページのみが画面上に表示される。これは、インターネット書店や電子書籍の「立読み」に近いものだ。iPad などのデバイスにダウンロードする場合はグーグル e ブックストア（2010 年開設）から行う。

　③の図書館や書店へのリンクは、検索して出てきた本を冊子として買いたい、閲覧したいという要望を想定したもので、検索結果の左側にリンクが表示される。たとえばマーシャル・マクルーハンの "The Gutenberg Galaxy"（「グーテンベルクの銀河系」）という本を日本から検索してみると、発行元のトロントプレス（カナダ）、アマゾンジャパン、紀伊國屋書店、楽天ブックスのリンクがあらわれる。「地域の書店」も用意されているが、少なくともこの書目では登録がない。図書館のほうのリンクは、世界で 7 万以上の図書館が参加するデータベース、Worldcat と連動している。

　このようなサービスを行うためには、グーグルが書籍のデータベースをもっていることが前提になる。まとまったデータがあるわけではないから、どこからか収集しなければならないが、グーグルはこれを図書館と著者および出版社から別々に行っている。それぞれ「図書館プロジェクト」「パートナープログラム」と名づけられているが、どちらも元になる本を無償で提供してもらうかわりに、デジタル化と維持にかかる費用をグーグルが負担する。

　たとえば図書館プロジェクトでは、グーグルは特定の図書館と契約して、蔵書のデジタル化と管理を請け負う。具体的にはスキャナを使って本のページを読みとり、前述の OCR で文字に変換する。読みとり後の本は図書館に戻され、デジタル化されたデータはグーグルと図書館の双方が利用できるようになる。こうしてグーグルに

は本のデータが手に入り、図書館は多額の費用をかけずに蔵書をデジタル化し、アーカイブとして保存公開することができる。財政が厳しく、なおかつデジタル化への対応が迫られる図書館にとって、これは大きな魅力だ。

いっぽうグーグルブックスにしてみると、できるだけ広く多くの本を持っている図書館と提携するのが、ゴールへの近道になる。そこで、ミシガン、ハーバード、スタンフォード、シカゴ、プリンストン、カリフォルニアほか米国のおもな大学図書館やニューヨーク公共図書館など、すぐれた蔵書で知られる国内図書館と契約した。さらに、米国内にないコレクションをもつ海外の図書館として、イギリスのオックスフォード大学やドイツのバイエルン州立図書館、フランスのリヨン市立図書館などとも連携を広げている。日本では慶應義塾大学の図書館が、唯一このプロジェクトに参加している。

もういっぽうのパートナープログラムは、作り手から直接出版物をとりこむ方法だ。出す側の利点は、すでに市場で販売されていない著作を、デジタル市場で再流通できる可能性にある。出版社や著者はデータがあればそれを、なければ本の現物をグーグルに送るだけでよい。過去の著作が再び日の目をみることもあろうし、著作権が存続している場合は有料にしてもらえば、一定の報酬も受けとれる。この場合、権利者のデメリットはほとんどない。

2．グーグル問題と争点

グーグルブックスは、グーグルならではの思い切った構想で、2004年の秋にフランクフルトブックフェアで披露され、暮れに正式発表されると多くの話題を集めた。ただし図書館プロジェクトは、その手順に大きな問題があった。グーグルは契約した図書館の蔵書

のデジタル化を、権利者の許諾を得ずに開始していたのである。

　これに対し、米国内の作家協会と出版社のグループが、著作権侵害の疑いありとしてクレームをつけた。グーグルは「著作権が存続しているものは、希望すればデジタル化や公開を行わない」という方針を示したものの、翌年の秋には訴訟に発展する。この訴訟は、その後3年あまりを経て、
・著作権者に対して相応の利益を支払う
・すでにデータ化したものについて、一定の解決金を支払う
・これらの権利処理を行う機構をグーグル負担で設ける
という和解内容で基本合意したが、ここで新たな問題が生じた。米国作家協会の起こした訴訟が、集団訴訟（クラスアクション）に認定されたためである。

　集団訴訟とは、ある司法判断が原告以外の同じ利害をもつ者にも及ぶという考え方で、弱者保護的な意味あいがある。想定できるのは、公害や欠陥商品のように同じ原因で多くの人が同様の被害を受けている場合だ。グーグルのケースでは、米国作家協会に加盟していない作家でも、和解案に示された内容を請求できることになるが、図書館の蔵書はアメリカの作家が書いたものだけではない。つまりこの裁判によって、世界中のすべての著作権者が原告と同じ立場におかれ、和解案を受け入れるかどうかを判断することになったのだ。

　そのための手続きは、①新聞・雑誌上での通知、②各国の作家・出版団体への通知、③グーグルホームページ上での通知、という形で行われた。「米国外にお住まいの方へ」で始まるその文書には、和解案を受け入れるかどうかの意思表明のしかたと、異議や意見を申し立てる場合の方法が記されていた。だがその文面はわかりにくい上に唐突であり、「米国外にお住まい」のほとんどの著作者は、

この通知ではじめてグーグルブックスを知ったに等しい。

このため、権利を保護する措置であったにもかかわらず、「人の著作を勝手に使おうとするのに、ずいぶん一方的な要求ではないか」という反発が、世界中で一斉に起きることになった。さらに相手が巨大IT企業のグーグルであり、対象が「書物」であったことから、この和解問題はさまざまなレベルでの議論に発展してゆく。

和解案、およびその後に出された修正案についてのおもな議論は、法的争点と文化的争点をめぐって行われた。

法的争点は、①著作権、②競争的観点、③権利許諾の手続き、の三点である。①の著作権については、国や批准している条約（ベルン条約、万国著作権条約）によって解釈の分かれる場合があるが、権利が存続しているものに対しては、報酬を支払うことでグーグルも了解している。②は、グーグルのような巨大企業がこのような事業を独占的に行うことが、自由競争の観点から望ましくないのではないか、という指摘である。同じことは、あとで述べる文化的観点からも言及されている。

③は、一連の権利処理にかかわる点だ。裁判の発端からもわかるとおり、グーグルはまず既成事実を作ってから、でてきた問題点を解決する、という投網方式を基本としている。実際にその人の著作がスキャンされているかどうかは関係なく、和解案においても、権利者が意思表明をしなければ、グーグル案に同意したものとみなされる。プロジェクトの規模からして、著作のひとつひとつについてあらかじめ許諾をとるのはたしかに現実的ではないが、こうしたやり方が強引ではないかという意見は根強い。その他、和解案に書かれている出版物の内容や定義に関しても、いくつか指摘がある。

文化的争点としては、人類の「公共財」である書物を私企業が独

占することへの批判とともに、いわゆる「グーグル的」なアルゴリズムによって、書物の文脈が解体されることへの危機が論じられている。「グーグル的」と形容されるのは、キーワードから検索結果が導き出されるまでのプロセスが機械にゆだねられ、ひとつのまとまりをもった「書物」が文字どおり「デジタル化」され、フラットな部品に分断されることを指している。

　キーワード検索は便利だが、そればかりを見ていると、そのことばが使われている一冊の書物の全体や、それにかかわるほかの書物のなりたちを、構造としてとらえることがなくなる。また、検索に用いられるアルゴリズムが完全に中立ということはありえないので、グーグルひとつに頼れば、グーグルの思考でしかものごとが選べなくなり、グーグルの検索対象にないことがらは存在しないものになってゆく。

　独占ということに関して言えば、グーグルはこのプロジェクトを純粋なビジネスとして位置づけていないかわりに、データの正確な網羅性や、デジタル化したものの精度を必ずしも追求していない。そのため書誌が統一されていなかったり、文字が正しく認識されないまま放置されたりする、ということが生じる。また、直接的な利益を目的としないにしても、閲覧履歴をマーケティングに転用する可能性など、プライバシーの問題も浮上している。

　その後この和解案は、各方面から出された意見をもとに、対象範囲を英語圏に限るなどの修正が行われ、ふたたび審議にかけられた。しかしおもに権利処理手続きの点で司法の判断とグーグルとの調整がつかず、2011年9月の段階で、裁判は振り出しにもどるとみられている。そうなれば和解案も白紙になるが、このグーグル問題は、著作物に関する権利の問題と、公共財としての本の保存・公開とデ

ジタル化という議論を、ボーダレスなテーマに押しあげる重要なきっかけとなった。

3．国立国会図書館のデジタルプロジェクト

　グーグル問題では、さまざまな国や機関、団体が意見を具申した。中でも強い存在感を示したのは各国のナショナルライブラリーだ。とりわけ、圧倒的な書物の歴史と蓄積をもつヨーロッパでは、ドイツやフランスが世論をリードする形で、グーグルへの対抗を主張した。フランス国立図書館（BNF）には、すでに大規模デジタルアーカイブのガリカがあり、EU全体では音声や画像をも含む総合アーカイブサイト、ユーロピアーナを運営している。EU内でも、財政的な問題からグーグルとの提携を模索するものがあるが、ベースは自国の文化は自国で守るという方針だ。日本の国立国会図書館も、同じような考え方である。

　国立国会図書館は1998年の電子図書館構想に基づいて、蔵書のデジタル化やOPACの導入などの電子化を進めてきた。この構想では、資料保存としてのデジタル化に加えて、ネットワークによる電子的な資料のサービス提供が大きな柱となっている。

　図1は、その全体像をあらわしたものである。国会図書館のデジタルプロジェクトでは、三種類のデータ元が想定されている。グーグルの図書館プロジェクトと同じく、既存資料をスキャンしてデジタル化したもの、電子出版物として刊行されたもの、ウェブサイトとして公開されたもの、である。

　このうち既存資料のデジタル化は、「近代デジタルライブラリー」としてすすめられ、一部はインターネット上で無料公開されている。国会図書館のホームページ上にある「電子図書館」をクリックして、

「近代デジタルライブラリー」のリンクを開けばよい。OPACとも連動しているので、蔵書検索をした結果ページに「近代デジタルライブラリー」という表示が出ていれば、そこから直接とぶこともできる。

　近代デジタルライブラリーで公開対象になっているのは、著作権保護期間を過ぎたものと著作者の許諾を得たもの、文化庁裁定を受けたものだ。本のデジタル化を行うとき一番のネックになるのは、著作権者の消息がわからない「みなし子」の著作物で、相当数にのぼる。日本ではこうした著作物は、一定の手続きに従って文化庁の裁定を受ければ利用できる。

　国会図書館の蔵書デジタル化事業は、ちょうどグーグル問題が浮上してきた2009年、補正予算127億円が投入されて一気に進捗した。この資金で1968年までに刊行された書籍約90万冊のデジタル化が終了し、現在は雑誌のデジタル化が進められている。著作権の存続しているものは、インターネット公開せず、館内でのみ閲覧できる。近代デジタルライブラリーのデータは画像だが、テキスト化のための実証実験も行われている。

　電子出版物に関しては、いままでもCD-ROMのようなパッケージ型のものが収集されてきた。これに加えて現在は、インターネットを通じて提供されるオンライン資料の収集に動いている。

　国会図書館の資料は、納本制度によって集められている。しかしオンラインの電子出版物の場合、網羅的な収集や複製の問題があり、集める方法を別に定めることが必要だ。この点についてはすでに具体的な答申が出ており、出版社などとの利害調整がつけば、実現される可能性が高い。

　いっぽうのウェブサイトについては、政府機関や自治体、大学な

図1　国立国会図書館によるデジタル事業

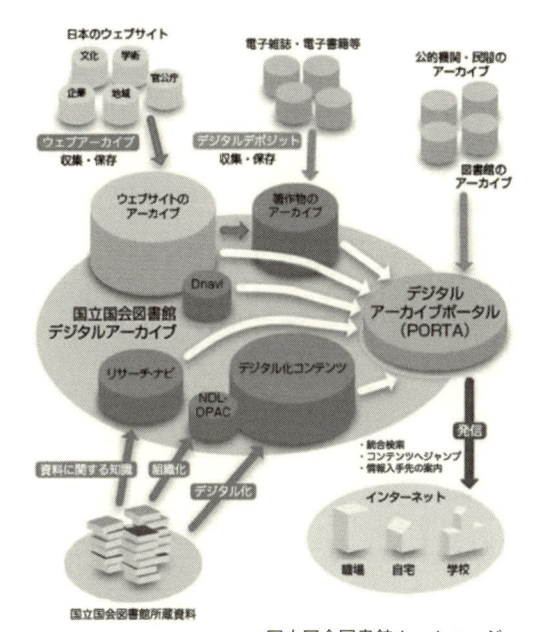

国立国会図書館ホームページ
http://www.ndl.go.jp/jp/aboutus/ndl-da.html

どの公共機関について、すでに収集が行われている。以上の三種類のリソースに、大学や研究機関、図書館、文書館、博物館などがもつデジタルアーカイブを統合すれば、少なくとも日本国内で作成される広義の「電子出版物」のかなりの部分をカバーすることができるだろう。デジタルアーカイブのポータルサイトについてはもう運用が始まっており（PORTA）、逐次あたらしいものが加わっている。登録されているものであれば、国会図書館以外の資料との横断検索も可能だ。

このように、国会図書館のデジタルプロジェクトは、内容的にも

信頼できるため、望まれることにはちがいない。だが、いままで考えてきた文脈に照らしてみると、日本国内における合法的なグーグルプロジェクトのようなものであり、蔵書のデジタル化は国会図書館みずからの電子出版事業という位置づけになる。さらに、納本やポータル化によって集めたものも含めて、国会図書館に国内の電子出版物が統合されるとき、そこからの「流通」をどう考えるか、という問題が生じてくる。それは従来の図書館の範疇を超えた、限りなく産業的な要素である。

いま一度、図1をみてほしい。三種類のリソースに外部のアーカイブを加えた四つのデジタルデータは、デジタルアーカイブポータルを通じて「職場、自宅、学校」などに「発信」されるとしている。これらは利用者と読みかえてもよいが、収集の目的はむろん利用にあるから、インターネットを通じてアクセスできることは電子図書館としては当然だ。国会図書館が公共図書館や学校図書館に配信する、といったプランも考えられる。

ただし著作権が存続するものも含むため、これらをすべて無料で配信するわけにはいかない。それではグーグルと同じ問題が起きる。したがって権利が明らかなものについて図書館がこれを行おうとすれば、場所や回数などで配信を制限するか、何らかのかたちで権利者に料金を支払うかしかない。後者を選んだ場合、デジタル資料の「発信」は電子書籍を売るのと等しくなる。国会図書館が、流通プラットフォームの役割を果たすことになるのだ。

このような考え方については、国会図書館の長尾真館長が私案を公表している。長尾私案によれば、国内で刊行されるすべての出版物は国会図書館が電子化、または電子出版物として収集する。これを
・国会図書館内での無料閲覧・複写（現行と同じ）

- 利用者への貸出（利用者は利用料を払う。複写等不可）
- 公共図書館への貸出（館内閲覧のみ）

の三パターンで利用できるようにするという提案で、同時閲覧の人数を蔵書冊数と同じにする、一般利用者には貸出期限を設ける、利用料は出版社などで管理団体をつくって権利者に配分する、などのアイデアが出されている。

4．デジタルという変数

　この構想はあくまで私案ながら、出版界や図書館界にさまざまな波紋を投げかけた。戦後、日本の商業出版物の流通は民間が行っており、公共図書館は各自治体の管轄にあって、それぞれの方針で運営されている。ここに国会図書館の流通・配信システムを導入すれば、全体のフレームが国会図書館中心に組み立てられることになる。前章でみてきたように、「電子書籍」では流通が大きなポイントであり、そこを国会図書館が抑えてしまうことに対して、産業側は抵抗がある。

　しかしその是非はおくとしても、この長尾構想が投げかけた波紋は、出版のデジタル化に横たわる重要なテーマを浮き彫りにするものだった。第一章のイントロダクションでも紹介したように、本や出版については編集論や文化論、書物論などさまざまな観点からのアプローチがあった。また現実の場面では、作家や研究者、出版業界、公共図書館、大学図書館、そして国会図書館などが、各々の立場で自分たちの課題を考えていた。だがその全体を貫くものはなく、書店流通をメインとする出版業界と公共図書館は、しばしば対立する関係でもあった。公共図書館が「無料貸本屋」になっているために、本が売れないというのである。

しかし、長尾構想が示したのはそのようなゼロサムの対立ではない。電子出版物の場合、紙の本のように「モノ」として売買されたり異動したり、所蔵されたりすることはない。紙の本もデジタル本も複製技術ではあるが、電子出版物は紙の本のように、複製されたものに一冊の意味はない。それは単なる分身であって、いつでも差し替え可能である。したがって価値はオリジナルにあり、すべてのアクターやことがら、関心が、ただひとつのオリジナル（電子としての）に向かうことになる。

　電子出版物を誰がつくり、誰がどのように流通させるか。過去の著作物をどのように管理するか。最初から電子書籍として刊行されるもの（ボーンデジタル）にしても明確な方法がたてられているわけではない。同じように本や出版を考えていたにもかかわらず、また同じ「読者」を相手にしていたにもかかわらず、商業出版と図書館は「棲み分け」という形でしか関係を築いてこなかった。だが、長尾構想やグーグルプロジェクトをきっかけに、電子出版物の開発と流通をめぐる両者の関係は、急速に接近している。

　図書館と商業出版とのボーダレス化は、蓄積するものと流れるもの、過去の書物と現在・未来の本との融合でもある。デジタルという変数は、このようにして本のある場所や、ありかたの構造を変えてゆく。反目でも区別でもなく、フレーム自体をこわし、再構築するのだ。しかしてそれは、紙と電子とのなかでどのように実践されていくだろうか。

第9章 デジタル化する知のシステム

1．大学図書館とジャーナル

　静かで書架がたくさん並んでいて、本の匂いと時間が折り重なるように積もった空間——というのが図書館の古典的なイメージだとしたら、それはデジタルとはもっとも遠い地点にあるもののように感じられるかもしれない。けれども「書物のデジタル化」の文脈のなかでは、世界中の書物を集めたといわれるエジプトのアレキサンドリア図書館や、ルイス・ボルヘスの『伝奇集』のなかにあらわれる「バベルの図書館」が、しばしばメタファーとして登場する。

　なぜなら図書館とデジタル装置とは、いずれも人間が発明した記憶倉庫のようなものであるからだ。記憶とはヒトの中に宿るものだが、それを身体の外側に集め、必要に応じてとりだせるようにしたのが図書館や博物館である。それは知や文化の集積であると同時に、権力にもなる。公開され、共有されるべきものであるがゆえに、独占して囲い込めば力になる。

　その両方の動機から、すべての知を集めたいという欲望は、見果てぬ夢としてたびたび語られてきた。書物のデジタル化に図書館のイメージが持ち出されるのは、デジタル技術がいとも簡単にその野望をかなえる可能性をもっていると察知されるからだろう。

　そして前章で示したように、図書館はいまやメタファーであるだけでなく、名実ともに電子出版の最前線に位置するアクターだ。デ

ジタル化された資料とネットワークによる「電子図書館」という考え方は、ビジネス系のデータベースサービスなどの分野ではインターネットが普及する以前から存在していた。さらにいえば、グーグルが最初にアプローチした大学図書館にとって、出版のデジタル化はとうに自明のことだった。かれらはグーグルがあらわれる以前から電子資料の収集を始めていたし、21世紀を迎えるや否や、雪崩をうつようにデジタル化した学術情報の変化を正面から受けとめることになったからだ。

　そのようなわけで、専門図書館、大学図書館と情報のデジタル化については、国内外を問わず、図書館の現場や研究者による詳細なレビューが数多く出されている。そこでは、大学と学術出版の関係、データサービスの歴史、アカデミズムの組織、学術情報流通の世界地図、といった構造が示されているものが少なくない。学術情報の電子化にはいくつもの要素がからみあい、地域ごとの事情が重なってくるが、ここではアウトラインを追うにとどめておき、後半ではそこから生じる具体的な変化について触れてみたい。

　ではまず、大学図書館や専門図書館に入っている電子資料とはどのようなものか、確認しておこう。種類としては、資料体としてのデータベースと電子書籍、電子ジャーナルである。ただし、電子書籍の定義は厳密ではない。図書館によっては、文献のコピーを郵送やファックス、ｅメールなどで送ってくれるが、こうしたサービスも第６章にあげた「つくる技術」の論点からすれば、広い意味での電子資料化といえるかもしれない。

　データベースサービスとはおもにレファレンス目的の情報を集めたもので、インターネットが普及する前から、パソコン通信やCD-ROM、さらに古いものは磁気テープで提供されていた。単体のサ

ービスと、何種類かのデータを複合したパッケージ型のものがあり、代表的なものには、電子出版ではおなじみの各種事典類、さくいん、新聞記事、判例、特許、医薬情報、統計、議会資料、企業情報などがある。「参考図書」の電子版と考えればよい。

データベースサービスの料金は、携帯電話の料金パターンと似たようなもので、サービス会社や使い方によって、いろいろな組み合わせがある。ただし高額なので、個人ではなく会社や学校、図書館が対象になる。こうした資料には、それぞれホームページからアクセスするようになっている。図書館が有料で契約しているものは、見られる端末機や資格が限られていることが多い。

いっぽう電子ジャーナルとは電子化された学術論文で、こちらも形式はデータベースで提供される。一般にはあまり関心をもたれることがないが、電子ジャーナルは現代の研究者にとってはきわめて身近で重要なものである。研究のリソースであると同時に表現手段となるもので、これなくして学術活動は成り立たない。すなわち、大学図書館にとっても欠くことのできないものだ。

2007年に行われた調査によると、大学教員と博士課程院生の7割以上が電子ジャーナルを週に1〜2回以上使うと答えている。とくに理系ではこの傾向が明らかで、もっとも多い化学では9割を超え、うち約7割が毎日使うと回答した。人文社会科学系においても、2001年の調査からわずか6年のうちに、1割程度だったのから4割へと飛躍的に増えている。学術論文の電子化がすすみ、あわせて認知されるようになったためだ。(『電子ジャーナル等の利用動向調査2007』)

当然ながら、大学図書館のなかでの電子ジャーナルのポジションはふくらんでいる。文部科学省では、昭和41年度から毎年行って

きた大学図書館実態調査を、平成17年度に「学術情報基盤実態調査」と改め、コンピュータの設置状況などと合わせて、電子ジャーナルの導入状況をまとめている。それをみると、調査開始の平成17年からの5年間で、国内の大学が電子ジャーナルにかける経費は2.3倍に増加、資料費全体の2割近くを占めるまでになっている。金額にすると数千万から多いところでは億単位にのぼる。資料費総額がほぼ横ばい、図書館の運営費が12%減というなかで、電子ジャーナルの費用は大きな負担になっており、今後ますます増加するとみられているだけに、大学図書館にとっては深刻な問題だ。

2. 学術論文のしくみ

あまりなじみのない読者のために、ここで学術論文について簡単に説明しておこう。現代のアカデミズムは、大学と学会というふたつの組織を拠点に成立している。この両者をつないでいるメディアが学術論文で、「研究の確からしさ」を示す指標として用いられている。アカデミズムにおいては、研究者は専門領域の学会に所属し、学会が発行する学会誌に論文を投稿する。学会誌では査読というシステムを設けており、しかるべき複数の研究者が論文を審査し、掲載に値するかどうかを決定する。めでたく査読を通過して学会誌に載ったものは、専門家の「お墨付き」を得ることになる。権威のある学会誌に論文が載れば研究実績として認められる。このような学会誌を「ジャーナル」とよぶ。

ジャーナルの役割はそれだけではない。アカデミックな論文を書く場合、過去に同じような研究がなされていないかどうか確認しておくのは、必要不可欠の手続きだ。もちろん研究の手がかりを探すためにも用いられるのであって、ほとんどの学問は過去の研究をふ

まえて行われる。とくに新たな発見があった場合は、しかるべきジャーナルで発表された順番によって「先取権」が決まるので、自然科学分野におけるジャーナルの意味は絶大だ。

このように、ジャーナルは単なる資料ではなく、アカデミズムの根幹を成すシステムとして機能している。ただし最初からそうなのではなかった。長谷川一によれば、ジャーナルの出発点は、ひとつの学術コミュニティのなかで、新しい研究動向を「速報」するところにあった。中世のヨーロッパにおいては、学者にあたるような職業的研究者がおらず、学知は一定の高い知性をそなえた人々が、分野を超えたネットワークとして共有するところに成立していた。そのようなコミュニティで、新たな知の活動をコンパクトに伝えるための情報誌として編まれたのが最初のジャーナルだった。そのコミュニティを原型に、近代的な学会が形づくられた（『出版と知のメディア論』）。

だがみてきたように、状況は反転している。以下、土屋俊の整理を借りると、とりわけ20世紀後半、米ソ冷戦構造のなかでの国家的な学術振興が、大量の論文を生み出すことにつながった。その結果、ページ数の増加からジャーナルの価格が上昇するとともに種類も増え、早くも1970年代のアメリカでは、ジャーナルを研究者個人で買い支えることができなくなっていた。これによってジャーナルの購入は図書館に移るが、個人よりも少ない機関を対象とするので、価格はさらに上がることになる。

研究業績を重視する大学では、所属する研究者のために、あらゆるジャーナルを用意する必要があり、その他の経費を削減したり、大学図書館間で融通したりすることによって、この危機をしのいだ（「学術情報流通の最近の動向」）。これと同じ状況が、今度は電子ジャ

ーナルで起きている。

3．電子ジャーナルへのアクセスと公開

　ジャーナルの電子化は、1990年代後半から北米を中心に進展し、2000年前後に導入が本格化した。イギリスの専門書出版協会（ALPSP）が2008年に発表した調査では、電子ジャーナルは英語論文の9割に及ぶ。これほど電子化が徹底しているのは、エルゼビア、ブラックウェル（ワイリーが買収）、シュプリンガーなど特定の大手企業が、学術情報の流通を握っているためだ。

　第3章で述べたような欧米出版企業のコングロマリット化は、学術や教育出版の分野においても顕著である。たとえばエルゼビアは1880年創業というオランダの学術出版社で、1970年代から吸収合併に積極的に乗り出した。1999年に始めた主力商品のサイエンスダイレクトには、2,500以上のジャーナルが掲載されている。そのエルゼビアが公表しているところでは、「論文の世界シェア」において同社の占める比率が25％、上記3社での半数近くを占めている。したがって冒頭にも述べたように、こうした企業と高額の契約を結ばなければ、研究の基盤は成り立たなくなっている。大学などの研究機関に所属していない研究者にとっては、絶望的な状況でもある。

　これに対して、利用者側もただ手をこまねいているわけではない。まず資金問題を乗り越えるために、いくつかの大学図書館が共同して業者との交渉を行うという方策がある。このような共同体（コンソーシアム）は、国内外で一定の成果をおさめ、ジャーナルの交渉だけでなく、目録などのデータや各大学がもつ資料、人材などの面においても相互に連携を深めつつある。アメリカのグーグル図書館

プロジェクト参加大学がつくるコンソーシアム（HathiTrust）では、グーグルに対して、契約内容や品質などについての要求を一括するほか、グーグルブックスで公開していないものを、参加大学間で閲覧できるようなサービスを行っている。

　もうひとつの方策は、企業の手によらずに研究成果を公開するもので、次のようなパターンがある。
・研究者個人によるホームページでの公開
・各大学単位での公開（機関リポジトリ・オープンコースウェア）
・上記の複合体（コンソーシアムによる展開）
・財団や公的資金の援助によって構築された総合データベースによる公開

　これらは基本的に無料のオープンアクセスである。オープンアクセスは90年代にアメリカで起きた運動で、背景には学術情報の極端な商業化への反省がある。ただ日本の場合、ジャーナルの電子化が遅れていたことと、出版産業全般がそうであるように、学術出版の構造も欧米と大きく異なっていたことにより、結果的に電子ジャーナルは最初からオープンな環境で提供されることになったといえるだろう。

　最後の、外部資金による公的な総合データベースのおもな例には、J-stageやJournal@rchive（独立行政法人科学技術振興機構）、論文ナビゲータCiNii（国立情報学研究所）などがある。いずれも公的な資金を得た機構が論文をデータベース化し、原則無料で公開するものだ。有料の部分も数千円程度と、個人で払える料金になっている。J-stageは医学、理工学系、CiNiiは人文社会系が多いというカラーがあり、Journal @ rchiveは近代デジタルライブラリーやグーグルブックスと同じく、紙媒体をデジタルアーカイブ化したものである。

J-Stage や CiNii では、それぞれの母体機関が、学会などにはたらきかけて論文を集め、公開する。日本の学会誌は、学会費と学術振興会などの助成金で多くをまかなわれてきた。欧米の電子ジャーナルは、大きな出版資本が独占的に囲い込むというビジネスモデルで設計されたが、日本の学会誌は自費出版のような形で出版社が発行を請け負うことはあっても、ビッグビジネスとして展開されてきたわけではない。そのため電子化の動きにおいても、出版社からの反発もないかわりに、学会側からの積極的な協力が見出しにくく、全文が読める日本発の電子ジャーナルの数は、とりわけ人文系ではまだ多くはない。

　ところで上にあげたオープンアクセスの動向は、すべてここまで観察してきた電子出版のポイントに符合している。研究者個人にせよ、大学や図書館や学会が行うにせよ、いずれも一般的なデジタル技術を使って、当事者がみずから電子出版を行っている。電子出版におけるつくる技術の実践だ。

　次に、これを個人ではなく共同のサーバーに集めることで、ケータイ小説と同じような形で組織的なアーカイブがつくられる。大学ごとの機関リポジトリ、オープンコースウェアはもっともシンプルなもので、大学の紀要、学位論文はもちろん、学会で発表した論文や資料、講演録、過去の著作、さらにはまだ論文になっていない研究ノートのようなものや教材など、さまざまなものをアップしておくことができる。オープンコースウェアは、開かれた大学をより意識した体系的なもので、資料と動画を組み合わせて講義を公開するケースなどがある。単純なテキストにとどまらないより高度なものは、音声や立体画像を組み合わせたリッチコンテンツとよばれる電子書籍そのものだ。

このように、大学や図書館は電子出版の作り手でもあるとともに、流通の主体にもなっている。これまで学術の成果は、学会誌や実績のある出版社から本として刊行することで、社会的評価を得た。とりわけ人文科学ではそうである。学術出版のしくみは国によって違いもあるが、その如何にかかわらず「出版」がもっている編集、校正、刊行、流通などのシステムは、内容を保証する機能として働いていた。図書館は、その出版物を購入して提供する知の倉庫だった。しかし、大学や図書館みずからが電子出版を行ったり、流通のプラットフォームに名乗りをあげるようになっている。これは、学術成果の保証をも、これらの機関が代わりに担うことを意味する。

4．デジタル環境で学問する

　以上、大学と大学図書館をめぐる出版デジタル化のあらましを追ってきた。ここからは論点を移して、このように複線的に形成されている学術のデジタル環境が、どのような実態を生みつつあるのか、補足的に述べてみよう。ひとつのシステムのなかではあるが、デジタルな出版環境が一定量あるアカデミズムの領域では、すでにいくつかの傾向があらわれている。

　学術に関するデジタル情報へのアクセス環境が、相当程度に整っているのはみてきたとおりだ。裏返せば、検索エンジンでかかってくるものぐらいは、当然チェックしておかねばならない。かつてそうした文献探索は、ひとつの論文や研究書に付されている参考文献から芋づる式にたどるか、図書館の目録やカードを丹念に眺めるという方法で行われた。そうした根気のいる作業と、つながりを探し出す能力が、論文の評価にも通じていた。

　論文のデータベース化は、この基本作業を革命的に合理化し、文

献探索のハードルは下がったともいえる。だがアクセスが簡単になった分、ふまえておかなければならないものの量は反比例して増えているはずだ。連想検索のように検索が高度化すればなおさらで、それが世界のどこで発表されたものであっても、数分もあればたどりつけるものを「知らなかった」はありえない。

　その上、前述のように、デジタル化された文献やデータのありようはきわめて複雑化している。紙の本の場合、数百年の歴史のなかで流通と蓄積のシステムは洗練され、完成している。周辺の住宅地図から旧時代の地下出版物に至るまで、統一された分類で同じように書庫に収蔵されている。稀少な本を探す能力はそれなりに要求されるが、道筋をたどるルールは変わらない。

　電子資料においても横断検索が出てきてはいるが、紙資料には及ばない。整理しようとすればするほど階層が複雑になり、身体感覚で全体をつかむことが難しい。見えないものを本格的に探索しようとすれば、プロのサーチャー並みの知識と能力が必要とされる。一時的なものかもしれないが、デジタルの世界で情報が整備されることで資料が電子化されたことでかえってハードルは上がるのだ。

　次に、集めた大量のデータの整理がある。一般論だが、私たちはまだデジタルデータの整理に慣れていない。デジタルのまま維持しようとすれば、いつの間にかデータや典拠が欠けており、プリントアウトすれば特徴なく散らかってゆく。テキストになっているものをうかつに扱えば、自分で書いたものなのか、どこからか抜粋したものかさえ不明になり、意図的でなくても、うっかり剽窃してしまうようなことになりかねない。

　これを混乱なく整理する唯一の方法は、紙の冊子で行われていたように、頁や見出しや目次や奥付をつけて、何らかの規則性をもっ

た分類をすることだ。ただしそれは自分の整理でしかなく、他人と共有することがかなわない。たとえば引用や参照先を示すときに使うページや行数などの情報は、デジタルには存在しないので、たちまち無効になる。

さらに引用元の問題がある。インターネット上にはいくつも有用な情報がある。紙の単位をそのまま反映したものであれば問題はないが、ひとつのニュースソースからリンクをいくつか経て原本にたどり着いた場合など、単純に結論だけを記載してよいものかどうか判断がつかない。また、オープンアクセスやネット上の記事はURLとアクセス日を記載することになっているが、時には数行にもおよぶURLをみて入力する人はまずいない。紙に印刷してしまえば、ドメイン以下は意味のないアルファベットの羅列にすぎない。

これらの実態からわかることがふたつある。第一に、デジタル化された情報は、基本的に紙の冊子のルールから切り離されたものとして、新たに構造化しなければならないということ。第二に、デジタルリソースを元にした論文は、新たな形式で作成するのに適しているということだ。たとえば前出のURLは、これをネット上で公表するならハイパーリンクとして大いに意味を持つ。

何度も繰り返していることだが、デジタルとはただ紙が電気的なものに置き換わっただけではなく、パーツがいつでも入れ替え可能な構造を特徴とする。長針と短針をもつアナログ時計は、文字盤のなかに時間という概念を刻んでいるが、数字が切り替わるデジタル時計での時間は、今そこに表示されるものの集積としてしかとらえることができない。

それを切り出して大きな文字盤に並べることが構造化では、おそらくないだろう。ものごとの部分的な引用や切り貼りは、アナログ

のときからすでに行われているが、それは――まさしく書物のビブリオグラフィのように――ひとかたまりの本を永遠にひもづけしてゆく作業だった。そこでは、元になる本や研究で行われた手続きが、そのまま再生産されていった。

　しかしデジタルパーツを同じ方法で構造化していくのは限界がある。スキャナで読み取った画像のように、アナログの形式を起こすものはこの限りではないが、それもいずれはテキストとして一文字ずつの配列になるだろう。デジタル化の技術的な性質は、どうしても対象を、いったん解体せずにはいられない。そのようにして解体した形式を、どのように再構成するのか。たとえばひとつの画面のなかに、どのような形でつむぎなおしてゆくのか。その作業が近未来の研究ならば、少なくともそのためのロジックは人間が考え出さなくてはならないだろう。

第三部
本と出会う空間

第10章 インターネットで本を買う／アマゾン化する空間

1．インターネット書店の定義

インターネットで本を買うことは、この本を読んでいるような人にとっては、もう日常のことがらになっているかもしれない。このセクションでは、デジタル化された本ではなく紙の本を手に入れることについて、3つのフェーズから考えていく。手始めはインターネット書店だ。

最初に定義をしておこう。ここでインターネット書店（またはネット書店、オンライン書店）とよぶのは、「一般の書店で売っているような紙の本を、店舗の有無にかかわらず、インターネット上で販売する書店」のことだ。店舗の有無とは、サイト上ではない現実の店舗があるか否かという意味で、丸善や紀伊國屋書店、セブンイレブンは前者だし、アマゾンや楽天は後者に属する。さらにこまかく分類すると、サイトを展開している事業者が直接売っている場合と、いくつもの小売店が店を出しているモールとがある。

次に、インターネット書店とよばれるものが実際にどのくらい利用されているか、いくつかのデータから概観しておこう。オーソドックスな調査としては、読売新聞が毎年行っている読書週間世論調査がある。読売の調査では、2009年から「主に本を買う場所」という項目が加わった。それによると、もっとも多いのは一般の書店で約80％、続いてブックオフのような新しいタイプの古書店、イ

ンターネット書店、コンビニエンスストアが、それぞれ10%前後で続いている。『情報メディア白書2011』(電通総研)に掲載されている、㈱ビデオリサーチの調査では約14%になっているので、一割ぐらいと考えればまず妥当だろう。もちろん、古書や自費出版をあわせれば、もっと別の数字になる可能性はあるが、こうした調査が行われていること自体、「本を買う手段の多様化」が意識されていることのあらわれでもある。

　ただし、インターネット経由での本の売上げを示す正確な数字はない。最大手と目されるアマゾン・ジャパンが、日本での出版物の売上げを公表していないからだ。これは、インターネット書店の本家であるアメリカでも同じである。事業報告書に記載されているのは、「北米地区のメディアの売上高」というようなカテゴリのみだが、電子書籍や実店舗を含めたあらゆる出版販売を総合すると、全米では最大チェーン書店のバーンズ&ノーブルを抜き、首位になったとされている。

　そのバーンズ&ノーブルの事業報告書をみてみると、同社のネット部門(バーンズ&ノーブル・コム)の割合は、2010年度で14%強だ。第3章で説明したように、アメリカは、日本に比べて国土が広く、相対的に書店の数は少ない。そのため以前から、カタログによる通信販売や、定期的に一定の本が送られてくるブッククラブなどが盛んであり、インターネット書店が定着しやすい素地はあった。大都市から郊外、キャンパスと、書店をいくつも展開しているバーンズ&ノーブルでこの割合であるとすれば、アマゾンを含めたアメリカ全体でのインターネット書店利用率は、少なくとも2〜3割はあると見積もってよいだろう。

2．なぜアマゾンなのか？

　ところでこのアマゾンだが、正確な数字すら発表されていないのに、もはやインターネット書店の代名詞として使われるほど広く知られている。これはいったいなぜなのか、考えたことがあるだろうか。ビジネス雑誌を読めば、答えらしいものはいくらでもみつかるだろう。だが、それでは書物の空間を眺め渡したことにはならない。アマゾンをひとつの現象として観察しようとするならば、もう少し状況証拠を整えておいたほうがよい。

　世界一のインターネット書店だから、だろうか。それならば、アメリカのバーンズ＆ノーブルや中国の新華書店のほうが、歴史も規模も桁違いに大きかったはずだ。日本なら、紀伊國屋書店や丸善という大きな書店がある。そして事実、アマゾンが参入してくる5年も前に、こうした老舗書店がインターネット販売を始めていた。

　表1は、日本のおもなインターネット書店を一覧にしたものである。ポイントは時期と運営主体で、時期は大きく二つに分かれる。まず草創期の1995年あたりだが、これはインターネットが一般に使われるようになった年であり、インターフェイスとなるパソコンの普及には、マイクロソフトのウインドウズ95が大きな役割を果たしている。さらに運営主体をみると、前述したような複数の日本企業が、ほぼ同時にスタートしていることに気づく。当時、日本でこの新しいビジネスをリードしていたのはアマゾンではなく、やはり国内の有名書店や大手流通業者だったのである。こうした有名書店は、店での販売のほかに、大学などの外商が強いことでも知られており、クレジットカード会社と提携した通信販売の実績もあった。

　取次や運送会社が名を連ねているのにも理由がある。インターネット書店は、インターネットを入口にした通信販売だ。利用者の側

表1 日本のおもなインターネット書店

	サービス名	運営主体	
1995ごろ (草創期)	本屋でござ～る	和心システム＋NEC	ソフト＋ハードメーカー
	丸善インターネットショッピング	丸善	書店
	ブックウェブ	紀伊國屋書店	書店
	ブックサービス	ヤマト運輸	運送会社
	図書館流通センター(TRC)	図書館流通センター	図書館販売会社
	本の探検隊	トーハン	取次会社
2000ごろ (拡大期)	bk-1(旧TRC)	図書館流通センター	図書館販売会社
	e-hon(旧本の探検隊)	トーハン	取次会社
	本やタウン	日本出版販売	取次会社
	セブンアンドワイ	セブンイレブン	流通小売業
	楽天ブックス	楽天	IT企業
	BOLジャパン	ベルテルスマン	独出版企業
	アマゾンジャパン(1995設立、 1998洋書日本語版サイト)	アマゾンジャパン	米企業
その他	版元ドットコム	版元ドットコム	出版社団体
	日本の古本屋	全国古書籍商組合連合会	古書店団体
	出版社・書店(各社サイト)	各社	出版社・書店

からは、ついカタログの役割をするインターフェイスばかりに目がいきがちだが、決済方法や、商品を管理し、小さな荷物をこまかく速く仕分けて届ける物流もとりわけ重要なのだ。出版販売においては、書店で注文を受けた本を無料で取り寄せることが日常的に行われてきたが、たいへん遅いという定評があった。取次のトーハンによる「本の探検隊」がサービスを専門書に限ったのは、その当時、この分野の物流が整っていたという事情がある。いっぽうヤマト運輸は、宅急便のすぐれた個別配送能力を使って、個人の注文による書籍販売を独自に展開してきた経緯があり、インターネット書店でもその強みを活かせる可能性があった。

しかし5年後の2000年あたりで、様相は大きく変わっている。ふたたび表1をみてほしい。拡大期と記したこの時代には、相前後してIT系などの新しいネット書店が参入し、先発組もサイトを

リニューアルしているのがわかる。わずか5年間でのこの変化は、むろんインターネットそのものの普及に比例している。総務省の通信利用動向調査によると、2000年時点でのインターネット普及率は、個人および世帯で3〜4割、企業で9割以上という状況にある。日本の場合、インターネットにアクセスする道具として携帯電話があったことも見逃してはならない。

　そしてこのとき、またたく間にトップに躍り出たのがアマゾンなのだ。アマゾンの創業は日本の流通企業と同じ1995年だが、代表的なビジネス新聞である日経4紙（日本経済新聞、日経産業新聞、日経MJ、日経金融新聞）にアマゾンが初めて取りあげられたのは、一年後の1996年である。ちなみにインターネット書店の記事としては、1995年4月の段階で、図書館流通センターの試みがとりあげられている。ではこの5年間にいったい何が起きたのだろうか。

3.「本の検索」システムとその転回点

　それを考えるために、インターネット書店の特徴を整理しておこう。ごく簡単に箇条書きすると、次のようにまとめることができる。

　①インターネットに接続できれば、いつどこでも注文できる。
　②好きな場所や時間を指定して本を入手できる。
　③「おすすめ本」「レビュー」などの参考情報がある。
　④あらゆる本の中から、自分で目的の本を検索できる。

　①と②は、一般的な通信販売のモデルと共通している。居ながらにして本を注文すれば、自動的に届くというしくみは、単に時間の節約になって合理的というだけでなく、仕事や病気、家族の世話などの理由で書店に行けない人や、近くに書店がない人にとってはたいへん有用だ。受けとる場所は家でも職場でも構わないが、留守が

ちで宅急便を受け取れないのなら、書店で引き取るように指定しておけばよい。

③は付加価値情報とか、レコメンド機能とかいわれるものだ。アマゾンの場合は、個人のブログなどにアマゾンのリンクをつけて間口を広げたり、支持の高いレビュアーをランク付けしたりと、ユーザーの中で情報がまわるしくみが注目された。だが、インターネット書店にとってより本質的な特徴は、④の「あらゆる本を検索して選ぶ」ところにある。そもそも「検索する」という作業は、本にとってはかなり親和性が高いものだった。なぜなら、生み出されたアイテムが、長期間にわたって蓄積されていくというのは書物の本質で、そこでは常に検索ツールが必要とされてきたからだ。図書目録や、棚分類や、図書カードなどがそれにあたる。

しかしこの点で、日本のインターネット書店は不十分だった。1990年代のインターネット書店についてまとめた『オンライン書店の誘惑』という本のなかで、海外のサービスと比較した日本のインターネット書店の弱点に、データベースがあげられている。ここで指摘されているのは、検索機能が十分でないことと、モノと連動していないこと、つまりその本が今あるのかどうかがわからないことだ。そしてそのいずれもが、日本の出版販売のなかの、書誌検索システムの背景を物語っている。

日本のインターネット書店で使われたデータベース、すなわち日本の書誌検索システムは、1980年代に業務用として開発されたものが土台となっている。これは、過去に刊行された書籍のオペレーションに使うもので、おもに開発したのは取次会社である。第3章でも述べたように、日本の出版販売では（雑誌のように）新しい大量の出版物をさばくことが優先され、既刊の書籍へのこまかい対

応は、手間とコストがかかるので後回しにされた。そのため、それが読者の注文による取り寄せであれば、書店の現場はいつもクレームにさらされ、出版社や書店が戦略として発注した本であれば、狙ったタイミングで店に並ばない、というような問題が起きる余地が常にあった。

　これを解決するために開発されたのが先の書誌検索システムで、最初は文字通り書店が本を検索するためのデータベースとして、さらにはそのまま注文もできるオンラインシステムとして商品化された。いわばインターネット書店の業務版のようなものだが、ポイントは「商品化」にある。このシステムが開発された1980年代から90年台初頭、すなわち「高度情報化社会」のようなキャッチフレーズがあふれていた時代、データベースやシステムは、それ自体が新たな商品だった。

　システムの優劣が競争力となるのは、現代のインターネットの各種のサービス（検索エンジンやブログサービス、ソーシャル・ネットワークなど）をみてもわかるとおりだ。自分たちのシステムにユーザーをどれだけとりこめるかが、ビジネスの勝敗を分けるという点では、どちらも変わらない。ただ明らかに違うのは、かつてはシステムそのものに値段をつけて売る、という考え方が主流だったことだ。安いPCやウインドウズのような汎用システムもなかったし、インターネット以前で専用回線料がかかるなど、高度なシステムを無料で提供できるようなインフラが整っていなかったことも関係している。

　そのため、初期の日本のインターネット書店の多くはオープン化をためらった。たとえば紀伊國屋書店のブックウェブは、かなり完成度の高いサイトを作ったが、検索システムのフル利用は会員のみに限られていた。さらに取次の場合は、これを高額の商品として企

業展開していたのが、かえって足かせとなった（ただし、図書館用データベースをもとにした図書館流通センターのサイトは、検索エンジンとして高く評価されていた）。

　なおつけ加えれば、1990年代の後半に、日本でインターネット書店を使っていたのが誰なのかという問題がある。当然ながら、インターネットやパソコンを使いこなすスキルや環境があり、なおかつ書物の検索を自分でできるだけの知識と能力をもっていた人だろう。テクノロジーに抵抗がなく、一定の経済力があり、本を多く手にしてきた人たちだ。

　今では常識となっていることだが、インターネットの世界における検索システムとは、人を集めるための装置であり、利益はその先にある。先鞭をつけたのはヤフーだが、これを100万アイテムの書籍と結びつけて徹底したのがアマゾンだったといえるだろう。そして、インターネット書店を使うような人々にとって重要だったのは、書店の知名度や実績ではなく、まさしく網羅的なデータから自分で目的の本を探し出せることだった。

　そのような人々の中には、日本の本を扱う以前から洋書を買うためにアマゾンを利用していた人もいるだろう。たとえば研究者やその卵、翻訳者、編集者、デザイナーのような人たちだ。アマゾンのオリジナルサイトは、1997年に日本語版を作っているが、このような人々が検索エンジンを使いこなし、その便利なことに感心し、日常的にアマゾンで情報を収集する習慣を身につけていたとすれば、アマゾンのシステムに対する評価は、2000年を迎えたときに定まっていたと考えることができる。それは同時に、インターネット書店というものが、本を買う手段として、比較的ハードルの高いところに設定されたものであったことも示している。

4．インターネット書店がもたらしたもの

　さて、ひととおりアマゾンの観察を終えたところで、今度はインターネット書店の影響、それがもたらしたものについて考えてみることにしたい。

　容易に想像されるのは、インターネット書店の台頭と一般書店の減少との相関だ。本を買う手段として、インターネット書店の比率が増しているのは確かで、グラフで対比することも難しくないだろう。アメリカでは、大手チェーン書店の経営悪化なども報じられている。渦中にある当事者にとっては、まぎれもなく深刻な経営課題であり、すでにさまざまな手が打たれているはずだ。

　しかしそうでない者がありきたりの結論を導き出しても、それ以上に何の知見も得られない。したがって、インターネット書店がどのくらい広がるか、それによって物理的な「書店」というものがなくなってしまうのかどうか、といった議論はいったんおいておく。むしろここで考えてみたいのは、インターネット書店によってもたらされた、書物の空間構成の変化である。結論から言ってしまうと、インターネット書店はその特徴を、現実世界の中に持ち込んでいるようにみえるのだ。

　もっともわかりやすいのは、書店の大型化である。インターネット書店の場合、本をおいておくスペースには限界がないので、理論上はすべての本を販売対象にすることができる。和書の場合、流通している本はおよそ80万点、実際には新刊書店で買うことができるのは50万点程度といわれているが、1坪（3.3㎡）あたり300冊として、50万点を網羅しようとすれば、1冊ずつおいても1,500坪というスペースが必要になる。そのような巨大な書店は、かつては数えるほどしかなかったが、ここ10年の間で、大都市や県庁所

在地を中心に、かなりのペースで増えている。

　書店の大型化は、「すべての本がある」インターネット書店と対抗するために、現実の書店が選ばざるをえなかった、ひとつの方法である。しかし、このように大きな書店で本を探すのは——インターネットがそうであるように——あまりに難しい。そのため、大きすぎる書店の中には検索端末がおかれている。慣れた客は、店員にたずねる前に端末で本のありかを探す。インターネット書店のモデルは、私たちの本へのアクセスの前提を変えて、まず現実の書店の中に持ち込まれたことになる。

　さらにアマゾンには、第4章でもふれたマーケットプレイスがある。古書をサイト上で同時に売るしくみだが、この方法によって、単に安い本だけではなく、事実上絶版となっていて手に入らないものも提供することができる。アマゾンの戦略として有名になった裾野の広い品揃え、「ロングテール」というものだ。アマゾンの売上げのなかで、実際に大きなシェアを占めているのは上位の出版物であるといわれるが、上位だけをそろえても人は寄りつかない。そこに行けば「すべて」があると思うから、人は集まるのだ。

　そしてこれによって、限られた現実のスペースでは見えなかったものが、表にあらわれるようになった。何年、何十年も前に出版された本が手に入ることを人は知るようになり、それを求めるようにもなる。スペースが巨大化するだけでなく、新刊書店のなかでみかけるようになった古書のコーナーも、これと関連づけられるべきだろう。

　いっぽうで、身の回りに突然あふれてきたさまざまな本の洪水に、人々はややとまどっているようにもみえる。常に多くの本に囲まれ、そこから一冊を選びとらなければならないとまどいだ。そのことは、

インターネットが「便利」であることと、おそらくは同じ文脈の上に連なっている。しかしそれについては最後の章で改めて論じることとし、本を手にする場所としてもっともなじみの深い、「書店」の考察に移りたい。

第11章 書店空間のメディアスタディ

1．書棚あらわる

　この章では、本に接する書店という空間について考えてみたい。といっても、観察するのは「リアル書店」の現況や見通しではなく、パソコンやインターネット書店のような、ひとつの装置としての書店の形式だ。

　本が電子書籍の登場で「紙の本」になったように、書店もいつの間にか頭に「リアル」を戴くことが増えている。しかしバーチャル対リアルのようなしかたで書店を対置すると、「リアル書店」は圧倒的に分が悪い。本を有償で手に入れる単純な機能だけを比較すれば、インターネット書店のほうが便利で確実、ということになる。書店に行って本を買うのは、時間や交通費の無駄だという意見も幅をきかせている。そこでの反論は、アナログ・ローテクならではの良さといったものになるが、愛書家的な趣味の問題におきかえられてしまい、積極的な評価がされにくい。

　いっぽう「紙の本」の場合は、もう少し支持が得られやすい。所有したり使ったりする中で「モノ」としての書物の価値が比較的実感されやすいし、紙や印刷やページや冊子体であることが、道具ないしは技術として、デジタルとの比較に耐えるからだ。ならば、「リアル」書店についても同じような視点で、道具や技術として観察してみたらどうだろう。ここでいう書店の形式とはそのようなもので、

たとえば、パソコンやiPadのキーボードやディスプレイ、もしくはアマゾンの検索エンジンにあたる部分を書店のなかに探し出し、それがどのようなものであるかをみつける、という試みだ。

さしあたって考えたいのは書棚や平台とよばれる陳列台である。

書棚と平台はそれぞれ異なる機能をもっている。さらに来歴をみてみると、書店のなかには実にさまざまな要素が混ざり合っていることや、それらが複合して人と出版物との接点をつくりだし、また出版物そのものを呼び込むことが確認できる。前置きはこれくらいにして、ではさっそく書棚から始めよう。

日本の書店で今のような書棚が使われるようになったのは、明治半ばごろのことと推定される。いかにアマゾンが便利でも、「本はやっぱり書店で手にとって見たい」と話す人が少なくないが、そんなふうに書店で本を手にとって見られるようになったのは、ここ百年ぐらいのことだ。

それ以前の書店は、ほかの商店と同じく畳や板敷きの坐売りだった。大店や大衆的な地本を売る店では、表から見える場所に本が並べたが、そうでないものは積み重ねた状態で棚にしまわれ、客が店の中まで入って、勝手に品物を手にとるということはあまりなかったのである。客は希望のものを店員に注文し、店員が棚から出してくる。和本は背表紙がついておらず、紙も柔らかいので棚に立てて並べるには適さない。

これが現在のような形になるのには、店舗と商品と両方の変化が必要だった。すなわち土間と洋本であり、いずれも西洋式である。土間式の店舗は輸入品を扱うものが東京や横浜ではじめ、明治33（1900）年に三越（三井呉服店）が採用したあたりから、普及に拍車がかかったものと思われる。同じころ、新しく出される本はほと

図1　大正初期の書店設計図

石井研堂『独立自営営業開始案内』第二編、博文館、1913年.

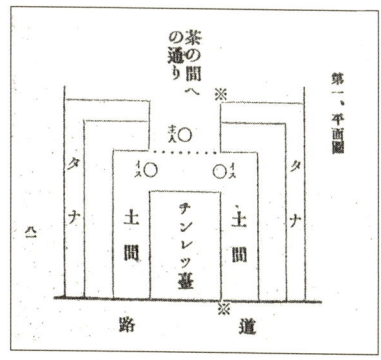

んど背のついた洋本になっていたようで、明治30年代に、東京の丸善や東京堂、札幌の富貴堂、久留米の菊竹金文堂など、土間に書架を並べた書店が複数あらわれている。

大正2（1913）年に出された書店開業の手引書をみると、これから書店を始めようとする人に向けての標準的な店舗構成として、この形式が示されている（図1）。

このような書店では、客は店員が出してくる本を待つのではなく、自分で店の中に入って選ばなければならない。それまでの坐売りでは、おもに店員とのコミュニケーションを中心として本を手に入れていたのが、書棚を相手に、棚とのコミュニケーションを通じて、本と出会うことになったわけである。

書棚のある書店の中身は複雑だ。本の種類は積まれているときより数倍多く、書名や著者をあらかじめわかっているとは限らない。そこで、棚とコミュニケーションするためのツールが必要になる。多くの本のなかから客が自分で本を選ぶには、棚が選べるような配列になっていることが必要で、分類や体系というものが不可欠なのである。したがって、書店のなかに入っていく客は、自分の関心領域を書棚という全体性のなかで知り、その配列によって構造化していくようになる。

図書の分類は、知識を体系化するテクノロジーとして、図書館とともに古くから用いられてきたものである。商業流通には地域性や

客層があり、人気のある分野がふくらんで細分化する、という特性もあるので、図書館のように全体を網羅するわけではない。しかしながら、それもまた産業者たちによる新たな構造化であり、そのように読者とキャッチボールをしながら、構造をビジュアル化する空間として、近代書店や書棚は機能したのである。そしてその構造はしばらくのち、家庭のなかにも書棚として持ち込まれるようになる。

2. 個人空間と書棚

　家のなかに書棚が置かれるようになったのがいつなのかは、定かではない。少なくとも近代の初期には西洋家具は高級品であり、ありあわせの棚は別として「書棚」を持っている個人はさほど多くはなかったと思われる。明治も後半になると、読書誌などに書棚の広告が掲載されているが、一般家庭に既製品が普及するのは、大正後半ごろと推定される。

　家に書棚がある、という状況を考えてみよう。書店の棚は陳列用で、一定の広がりをもっている。家の棚は収納家具だが、複数の場所から、自分の関心や必要に応じて集めてきたものが凝縮された、ひとつの世界でもある。さまざまな場所に分散していたものを自分が集めなおし、「自己」という新しいジャンルを作って、私的な空間に再現しているようなものだ。大げさにいえば書棚は自分の分身であり、家のなかに書棚があることは、その分身と常に向き合っていることを意味する。

　家族がいれば、その世界は家族とも共有される。置き場所によっては来客が目にする機会もある。他人の家や仕事場を訪問して、つい置いてある書棚に目をやってしまった経験がないだろうか。雑誌などではしばしば有名人の書斎の写真を載せたりするが、そこに対

する好奇心は、本の並びにあらわれるその人の内面や知的関心に向けられている。

　他者への意識は、自己を他人の目にさらしたくないとか、逆によく見せたいという気持ちを生じさせることにもなる。自分の本棚が人に見られるのは恥ずかしいと感じたり、ミーハーな本を隠したりしたことはないだろうか。でなければ、知的そうにみえる本を目立つところに並べ替えたりしたことはないだろうか。書棚が自己であるために、それを使った自己の演出も可能なのだ。

　この点について、昭和初期の円本と書斎との関係から論じたのが、塩原亜紀の研究である。円本のおもな読者層である新中間層向けの住宅では、玄関脇に応接間兼書斎スペースをおく、というデザインがひとつの典型としてあった。塩原はこれに注目し、接客と主の知的活動とが行われるこのスペースに、両方の要素を満たす円本全集がうまくあてはまったのではないかと考察している。

　たしかに、全集というパッケージは書棚を連想させる。実際、円本の広告にはたびたび書棚のイメージ写真が使われており、全巻購読者には書架プレゼントも企画されている。書店空間で書棚を通じて提供された体系的な構造は、個人空間の書棚を通してそれぞれの世界となった。それが他者と共有されることで、今度は「他者に見せる（または見せたくない）自己としての書棚」というものも生まれた。そうした観点からみると、私的な空間のなかでの円本のパッケージ性は、より現実感のあるものに感じられるかもしれない。

3．開かれた平台の空間

　書店における平台は、絵双紙屋と露店にひとつの大きな系譜をみることができる。共通項は雑誌と赤本だ。

図2　講談本の表紙

玉田玉秀斎講演『天明豪傑濱松屋松兵衛』岡本増進堂発売、1903年．　大阪府立中之島図書館蔵

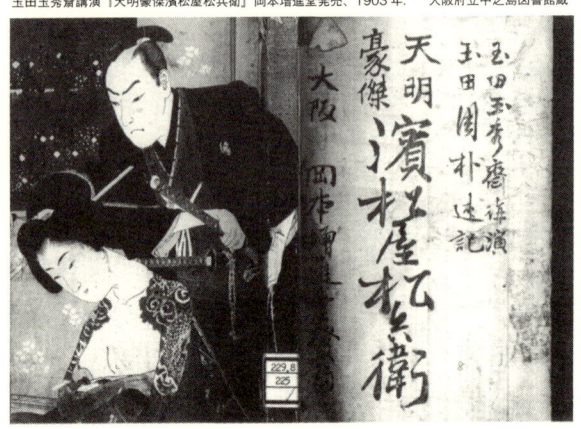

　絵双紙屋は赤本のルーツである江戸地本を売る店で、初期の雑誌も売られていた。絵双紙屋の陳列は、表から見てもわかりやすいように考えられており、一枚ものは万国旗のように紐につるして飾り、冊子は表紙を向けて平台で陳列をした。人気の役者絵（ブロマイド）や、新聞錦絵（時事ニュースやゴシップ）が掲示してある絵双紙屋は、街角のメディアセンターのような役割を果たしていたのではないかと思われる。

　絵双紙屋が衰退したあと、赤本や雑誌が流通したのは書店や露店である。雑誌はもちろん赤本も、関東大震災のころまでは地方や中小の書店にとって主力商材のひとつだった。書籍を売る店は雑誌の三分の一程度しかなかったが、そのような店では比較的手ごろな赤本がふつうに売られていたという証言はいくつも残っている。それらは書店のなかでは平台におかれた。

　図2は、大阪府立中之島図書館が蔵書する明治36年代の大阪講

談本の表紙をコピーしたものだが、背の部分には侍の左袖がかかっていて、書名が書かれてない。ということは、これらの本が書棚ではなく、平台のようなところで売ることを前提にしていたことがわかる。おそらくは書名が書かれているほうではなく、絵柄の部分を表にしたのだろう。丸善のような書店は別として、ごく普通の書店ではこのように、絵双紙屋的な陳列が平台として持ち込まれたと考えられる。

　赤本が売られていたもうひとつの場所も見ておこう。絵双紙屋よりさらに開かれた場所、露店である。露店には縁日などで出るものと、恒常的に出ているものがあり、絵双紙屋の消滅後も古本や貸本屋の払い下げ、赤本など、安い本が流通していた。露店をひやかすのは気楽で楽しいものだ。目的もなくぶらぶらしているうちに、何かひとつふたつ買ってしまう。値段も安いし、同じ本を買うのでも書店の棚を吟味するよりハードルが低く、子どもでも気兼ねなくのぞくことができる。

　露店売りでも品物がまとまる特価本の場合は、威勢のいい口上をつけるのが売りものだった。本の場合は説明売（タクバイ）といわれ、専門の業者が行った。講談社の宣伝に対してつかわれた香具師に近いもので、架空の人物ではあるが、映画「男はつらいよ」でおなじみフーテンの寅さんも、シリーズ第一話で特価本を売っている。

　特価本は縁日で月遅れ雑誌を売ったのがはじまりとされている。その元祖といわれる人物はのちに特価本の元締めとなるが、商品ばかりでなく売り文句も伝授した。おもしろおかしいセリフで通行人の足をとめ、買うはずもなかった本を買わせる技術は、およそ書棚の構造化とは対極にある本との接点の作り方だった。

　絵双紙店とこの露店が平台に通じるものだと考えると、書店の中

図3　円本時代の店頭　　　　　　　図4　東京下町の書店

岩瀬彰『「月給百円」サラリーマン
戦後日本の『平和』な生活』講談社現代新書、2006年.

2010年 著者撮影

には書棚のほかに、それとは異なる性質の空間があったことになる。絵双紙屋や露店の特性からすれば、そこは安くて通俗的でややいかがわしい品物や、往来に開かれた気楽さがある空間だった。それはときに誇大広告気味であり、目的意識がなくてもふらふらと引き寄せられるような可能性をもっていた。そうした特徴は、出版物のインフラが合流し、額面どおりの大衆化が訪れるのとシンクロして、近代日本の購書空間を決定づけることになる。

　円本ブームの広告宣伝については、キングとの関係ですでに述べたとおりだが、改めて店頭の様子に注目したい。円本時代の平台は露店のように往来にせりだし、香具師が口上を述べる代わりにおびただしい宣伝物で覆われている。図3の平台はそのころのものだが、新潮社の『世界文学全集』、平凡社の『富士に立つ影』と思われる書名の書かれた布か紙が巻かれている。天井からはのれんのようなものや、パンフレットのようにみえる薄い冊子がぶらさがっている。積まれているのは円本ではなく雑誌のようだ。立ち読みをしている

婦人と子どもの後ろに絵本のラックのようなものもあり、いかめしい感じはない。

　図4は、ごく最近撮影した東京の書店である。この書店のある下町の商店街は、戦後しばらく露店や貸本屋で繁盛した場所である。やや見づらいが、店頭の中心に雑誌を陳列する平台つきのスタンドがあり、左右にもマンガ雑誌などを置く台が店の外側に出されている。入口付近には絵本塔も設置され、図3に似通った構造と雰囲気が継承されている。

　円本時代の平台は、宣伝物を介して外とつながることによって、さらに外側へと広がった。主要な書店のある通りには、アーチ状の立看板が据えられ、店員の作業着や、配達用の自転車の荷箱や車両も宣伝媒体となった。縁日に行かなくても、街のなかには本の名前を記したパレードやゲートがあった。その元にある書店は、イベントスペースのような意味をもっていたはずだ。

4．書棚はめぐる

　このように平台的な要素が広がってゆくいっぽうで、書棚もまた新たな展開をみせた。主役は円本のライバル、岩波文庫である。書棚と岩波文庫の組み合わせは、いかにもしっくりくる。統一された装丁は全集と同じで書棚向きだし、円本よりはインテリ度が高そうだ。しかも質素で場所をとらず、個人の書棚に収めるのには最適な本のように思われる。

　だが、ここで言及したいのは個人の書棚にある岩波文庫ではなく、書店の棚の岩波文庫だ。岩波文庫は円本のような派手な広告宣伝はしなかったが、画期的な販売方法をふたつばかり備えていた。ひとつは補充スリップ（売上カード）とよばれるものである。補充スリ

ップとは本の間にはさまっているしおりのようなもので、本が売れたら書店名の入ったスタンプを押して取次に送ると、同じタイトルの本が補充されるしくみになっている。最近ではPOSレジの普及であまり使われなくなっているが、本を書店からきらさないようにするための、基本的な方法である。

　これを早くから導入したのが岩波文庫だった。戦前、スリップはそれほど使われていなかったので、出版業界でスリップといえば「岩波文庫のあれ」と形容されるぐらい知られていたという。このスリップを使えば、書店はとくに意識しなくても自動的に必要な本が入る。出版社にしてみれば、新しく出るものとあわせて書店のなかでの領地を広げていくことにつながる。

　もうひとつは、ジャンル別の色帯である。黄、青、白、緑、赤、の5色の色帯は、それぞれ国文学、自然科学、社会科学と内容で分かれていて、色ごとに番号がふられた。書店は内容を見なくても、まず色分けをして番号順に並べていけばよい。非常に簡単で、管理がしやすい。だがそれは、書店の棚の分類が出版社の意向で決まるということでもあった。

　かつて書店に棚があらわれたとき、配置は目録とともに書店が工夫する分類で決められた。しかし円本や岩波文庫の時代、本の数はかつてとは比較にならないほど増えている。岩波文庫のスリップや帯は、これを解決するものでもあったが、このようなサービスを提供することで書店の書棚空間を利用し、占有しようとするものだった。円本が平台を利用し、個人の棚を利用したように、文庫は書店の棚を利用したのである。

　このように見てくると、ただそこにある書棚や平台が、本の生産や流通や、本にかかわる社会的な行為全般を媒介する、興味深いテ

クノロジーであったことがわかる。出版物はただ作者と読者によって成立するものではなく、形式や場所ごとに、何がどのように集められるかということもまた、新しい出版物や読者の創造に作用した。

　日本の場合、内面を構造化する書棚と、衝動買いを誘う気安い平台との合成によってできた空間は、そのいずれかに寄ったバリエーションをつくることも可能だったし、家族で訪れても全員がそれぞれ楽しめるような「書店」として機能した。それは出版社にとっては利用価値の高さを示すものであり、それゆえに画一化を進める要因にもなったといえるだろう。日本の「書店」は、円本時代から80年、ほとんど変わらずに来た。それが継続してきた理由は、単に「リアル」ではないメディアテクノロジーの複合的な力がそこにあったからなのだ。

第12章 本を選ぶこと、本が集まること

1.「リアル」を再現する空間

　ここまで本に出会う空間として、インターネット書店と近代書店を観察してきた。近代の書店は、書棚や平台を通じて書物に触れたり、これを生み出したりするメディアとして機能した。しかしインターネット書店があらわれ、目に見えない本のありかを示したことで、「書店」が持っていた力は相対化されつつある。それはあくまで相対化であって衰退ではなく、「リアル」に本のある環境が失われるわけではないが、それなら現状からできる限りの見取り図を描いておくことは必要だろう。

　そのためのヒントとして、本章ではここ数年、本のある空間で起きている特徴的な事例を二、三とりあげ、それらがどのように意味づけられるかを観察する。その上で、おそらくこれから再編成されるであろう本の流通環境について、若干の展望を述べることにしたい。

　最初にとりあげる事例は、丸善丸の内本店の４階にある本のセレクトショップ、松丸本舗である。丸善という歴史ある書店のインショップであるにもかかわらず、書店の特集では必ず「斬新な本格書店」という扱いで単独で登場するのが、この松丸本舗だ。「松丸」の「松」のほうは、このスペースを設計した松岡正剛氏の名前にち

なんでいる。松岡氏は、編集工学という独自のコンセプトから本や空間のプロデュースを行うかたわら、みずから編集学校を主催し、また書評ウェブサイト「千夜千冊」などでは、カリスマ的な読書家としても著名だ。

松丸本舗の特徴はスペース構成と陳列にある。

広さは65坪、小学校の教室の3倍ぐらいで決して狭くはない。ただし本体の丸善丸の内本店は、東京駅周辺の再開発によって建てられた複合ビルの1階から4階を占める、都内でも最大級の巨大書店であるため、全体の面積からすると松丸本舗のスペースは4％程度にすぎず、こぢんまりした印象を受ける。

松丸本舗とは外のフロアとは、専用の什器ではっきり隔てられている。入口にはゲートがあり、全体の様子をひと目で見渡すことはできない。内部は「本殿」（松岡正剛・千夜千冊の世界）、「本人」（書物と暮らす人々）、「本家」（著名人の本棚）など、「本」にちなんだユニークな名前がついたブロックに分けられており、順に回遊しながら棚と本の連鎖をたどってゆく構造になっている。

棚の連鎖は、松丸本舗の基本コンセプトだ。松岡氏自身の説明によれば、この書店の設計にあたって考えられたのは、デジタル化や出版産業の疲弊によって断たれている「本たちの歴史と本にまつわる出来事とのつながり」の再生だったという。本を独立した1冊としてではなく、文脈のなかに置くという考え方である。その作業は「小さな意味のモデル」である棚をいくつもつくり、つなげていくところからすすめられた（『松岡正剛の書棚』）。

この話は、書店の構成をテクノロジーとして考えると腑に落ちる。前章でみてきたように、書店の空間には書棚や平台のような装置があって、それぞれに集められる本との意味づけが行われていた。「意

図1　松丸本舗の書棚

セイゴオちゃんねる
http://www.eel.co.jp/seigowchannel/archives/2009/10/news_55.html

味づけ」には全集や文庫本のような本の形式や、特価本売りのような目的も含まれるが、文脈による意味づけは分類によってなされてきた。しかしその意味のつながりはすでに失われているとしてこれを解体し、新たなつながりを編み直そう、というのが松丸本舗の方針と解釈できる。

　陳列には別のアプローチも隠されている。たとえば意味づけのユニットとして使われる書棚は、一見して異様だ。重たそうな材質の棚板は、厚さが3、4センチぐらいありそうで奥行きも深い。ところどころで必要以上に張り出したり、変形スペースが組み合わされたりしている。本は必ずしも行儀よく並んでおらず、すきまに横積みにされたり、斜めに立てかけられたりもしている。間には茶室の戸棚やカップボードのような、書棚らしからぬものも配置される（図1）。店舗の什器というより、家具に近い。

　この状態から連想されるのは、書店ではなく個人の空間だ。本棚がいっぱいで、あいている棚板との間に無理やり本を突っ込んでしまうなどは、プライベートでは日常茶飯事である。読みかけの本を

何となく積んでおいたり、大きさの違う本がはみだしていたりするのも、自分の部屋では見覚えがある。松丸本舗がそのようになっているのは、むろん本の整理が悪いわけではなく、あえて私的な空間を演出しているためである。もっと端的にいえば、松丸本舗は「松岡正剛の書斎」をイメージさせる空間としても提示されているのだ。

丸善の小城社長（当時）は、このような松丸本舗の特徴を的確にとらえ、次のように述べている。

> 今まで見たことのないような、「やっぱり本屋ってこういうもんじゃないか」というような新しい書店ができました。本屋の原点を示しているつもりです。（丸善ホームページ）

今まで見たことのない本屋の原点、という発言には矛盾がある。だが書店の棚がいくつかの意味の単位で構成されているならば、そこに意識を集中している松丸本舗は本屋の原点だろう。いっぽう、古本カフェでもないのに私的な空間が演出されている点では、見たことのない書店である。

ではなぜ老舗書店である丸善が、外部の手を借りてまで、このような不思議な店舗を企画しなければならなかったのだろうか。これについて前出の小城社長は、「リアルな場」としての書店を模索した結果のひとつと説明している。いうまでもなく丸善は書店であり、全国にリアルな場を持っている。そこでリアルが活かされていないとすれば、「書店」を形づくっていた文脈が、そこでは効力を失っているとみるべきだろう。

丸善についていえば、国内最大級という丸の内本店はすでにリアルとはいいがたい。書店の巨大化はインターネット書店へのひとつ

の対抗だが、同化でもある。リアルでありながら、その姿は多分にバーチャルなのだ。だからこそ、別の形でもうひとつの「リアル」を入れこむ必要があった。それは今までにない意味づけで、新たに再構成したものでなくてはならなかった。

　松丸本舗はたしかに魅力的だが、丸善丸の内店という擬似的なバーチャル書店のもとで成立している書店である。そして、リアルな書店の文脈やつながりが解体されていたために、再構成の手段として、本の世界を象徴する個人の世界をイメージさせるものが、店舗のなかに再現された。松丸本舗に私的な演出がなされているのは、丸善との違い——擬似バーチャルであり、解体された書店の文脈との違い——を表明するためだったのではなかろうか。

２．場所と人が意味を決める

　「リアル」をより動的に行うために、本を書店の外に持ち出しているのがブックディレクター、幅允孝(はばよしたか)氏だ。幅氏もまた、書店特集の常連であり、すぐれた選書家ということで、松丸本舗と同じようなとらえられ方をすることも少なくないが、方向性はやや異なる。幅氏の率いるBACHでは、本の製作や書店のコーディネートも手がけているが、とくに定評のあるのが結婚式場や病院、洋品店、空港など、書店以外の場所での本のコーナーづくり、ライブラリーの設置である。松丸本舗は書店の中の書店だが、BACHは書店の外に本のある新しい空間をつくる。仮に「書店で本が売れない」のなら、人のいるところに本を並べようという試みである。

　書店という空間は、いつでもどこでも同じではない。前章でみてきたように、本が購われる場所は多様であり、地域や時代によって何がどこで流通するかは異なっている。日本の場合はとくに書店が

万能であるために、「本は書店で買うもの」という意識が刷り込まれているが、料理の本が食料品店にあり、山の本がアウトドアショップにあるのはごく自然なことだ。このように意味の単位とつながりとしての本じたいは、置かれる場所によって決められる。さらに幅氏の場合は、こうした場所と本とのつながりを、そこにいる「人」を媒介に編み出していく展開力に、大きな特徴がある。

　たとえば、結婚式場ならばどうか。結婚式場を訪れる人は、結婚式に用があるのであって、本を読みにくるわけではない。そこでテーマになるのは「結婚生活」であろう、という見立てに基づいて、選書が行われる。これから結婚をしようという人や、新しいカップルの誕生を間近にして、ふと結婚について考えてみた人が手に取る本はどういうものか。手に取ってもらうための、ちいさなメッセージをも添えられる。誰の選書であるかを示す必要はもちろんない。本を読みに来ない人たちに向けて、本との接点をつくるのが目的なので、作業は本から始めるのではなく、場所が持っている意味、そこにいる人の関心をすくいとることから始められる。

　したがって、依頼を受けた場所の持ち主や利用者に対しては、ていねいな取材が行われる。大阪の千里にあるリハビリテーション病院に図書館をつくるにあたっては、本を何箱も持ち込んで、施設関係者やリハビリに励む患者の話を聞いている。当初は長編の娯楽小説などを考えていたが、話し合っていくなかで浮かび上がってきたのが、手を動かすパラパラマンガや詩集、記憶をたどるための写真集、写経本などであり、これらは「つかう本」と命名されることになった。このように、作業を通じて本や、そのつながりの意味が変換されることもありうる。

3．一箱古本市の集まり方

　書店の外に持ち出される本の流通空間としては、「一箱古本市」もあげておきたい。

　数年前から各地で行われ始めている「一箱古本市」は、松丸本舗ともBACHとも違う、しかし小さな意味の集まりが鍵となった本の流通空間だ。これは、一般に参加者を募っておこなうイベント形式の古本市で、ひとりひとりが店主となり、ダンボール一箱ぶんの本を持ち寄って店を出す。元祖は東京の谷中・根津・千駄木地区での「不忍ブックストリート」で、書店やカフェなど周辺の店の軒先を借りて、小さな古本市がいくつか開かれた。その後、こうした催しは各地に広がり、少しずつバリエーションも加えられている。

　一箱古本市の場合、小さな意味とそのつながりは、松丸本舗のように綿密に設計されているわけではない。箱の中身は店主の個性によって意味づけられているが、この催しの発案者であるライター・編集者の南陀楼綾繁氏によると、ジャンルでまとめられているものだけでなく、デコレーションで見せるものや、自著のPRがてら出店するものなど、箱にはいろいろなタイプがある。とくに何も考えずに雑多なものを出している「ノープラン」の人もいるが、あまり密度の濃い箱ばかりでも疲れてしまうので、息抜きとしてこういう箱もぜひ必要、というのも面白い（『一箱古本市の歩きかた』）。

　これらバラエティに富んだ箱の、どれとどれが隣りあうかはわからない。それぞれの箱には（ノープランも含めて）意味があっても、つながり方は偶然だ。自由参加の市だから、そもそも何が出てくるのかは、全員が箱のふたを開けてみなければわからない。にもかかわらず、たまたま集められたいくつかの箱のまとまりは、適度に思いがけなく何かに「出くわす」ように、うまく機能しているようだ。

第一の理由は、もちろんお祭りだからだろう。店主も集まる人も古本好きなので、コミュニケーションが成立しやすいということもある。だがそれをもってしても、一箱古本市にはいくつか注目の要素がある。

　ひとつには、一箱という単位のほどよさだ。一箱店主のほとんどは素人で、コミックマーケットのように店主にもなれば客にもなり、ふだんは別の仕事や勉強をしている。そういう人たちにとってダンボール一箱というスケールは、つくる分にもみる分にも適当に張り合いがあり、大きな負担ではない。書店の巨大化にも関係するが、ヒューマンスケールという観点は、書物の流通空間のなかで再びとりいれられるべきポイントである。

　次には場所とネットワークの持ち方だ。松丸本舗は、小さな意味の単位を棚としてつくり、書店の中に再生するプロジェクトだった。BACHの場合は、まず場所自体に意味があり、本が置かれる。いっぽう一箱古本市は、これを文字通り箱に入れて町のなかに持ち出したものだ。南陀楼氏が一箱古本市のアイデアを思いついたのは、戦前の古書店街に出ていた露店の話を聞いたのがきっかけだったという。道端で本を売っている風景と、自分が暮らす町とが結びついたのが不忍ブックストリートなのだ。

　日本の書店において、露店の役割を果たしていたのは平台だった。今でも、安い文庫の新刊などをながめるときには、ちょっと夜店をのぞいているような気分がしないではない。だが都市では書店が大型化し、郊外や地方都市の書店は車でなければ行けない場所にある。露店を復活させるにはいくつか条件が必要だが、一箱古本市はブログの活用などもふくめ、書店というタテの単位ではなく、地域というヨコの単位で、本が流通する環境を考えるヒントにもなる。

4．本が集まるということ

　このようにみてくると、社会のなかには、いくつもの空間とそれに応じた本の集まりがあり、それぞれに機能していることがわかる。誤解のないようにいっておくと、誰もがここにあげた例のような方向をめざすべきだと考えているわけではまったくない。これらは大都市中心の、特殊な例であるかもしれない。しかしそれぞれの地域には、そこでの流通があるはずだ。新刊書店や古書店、貸本屋、図書館などは、これを機能とするもっとも基本的な場所であり、これからもそうあり続けるだろう。ならばそこでの「リアル」は、いつの間にか場所—空間の意味を忘れ、またデジタルの出現によって失いかけてすらいる、対比としての「リアル××」ではなくて、本がある場所としての意味を改めて自らに問い直すことで得るものでなくてはならないだろう。書物の流通する空間や流通のしかたは、決してひとつではない。

　デジタルなら万能というかもしれない。アマゾンやグーグルが用意した本の流通環境は、「すべての中から検索エンジンで抽出する」というひとつの考え方に基づいている。それが実現していればあらゆる抽出パターンが可能なので、理論上はほかの手段は必要がない。必要に応じて「おすすめ」をしてもらえば、ピンポイントではない周辺領域もある程度は目配りができる。だがそれで、本に出会う機会は広がるだろうか。

　試しに、インターネットによってしか本を手に入れることができない状況を想像してみよう。電子書籍でも紙の本でもよい。インターネットを通じて、すべての本はとりあえず手に入るとする。デジタルデバイドの問題をのぞけば、アクセスの機会が理論的に保証されることは認められる。さまざまな事情で今まで本を読むことが難

社会で自由に流通する本（いずれも著者撮影）

コーヒー店の自主的一箱古本市（東京） 　　　　雑誌を路上で売る人（東京）

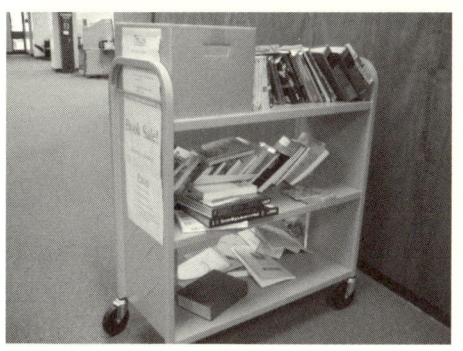

図書館の1ドル均一リサイクル　　　　高原ホテルのロビー（長野）。
（ハワイ大学）　　　　　　　　　　　たった6冊の中に温泉と借金と椋鳩十
　　　　　　　　　　　　　　　　　と『資本論』のペーパーバック。

しかった人々にとって、電子化のメリットは大きいことも確かだ。電子化そのものを否定する理由はまったくない。

　だが手段がそれだけになれば、他者とのコミュニケーションは本の集積から失われる。サイバー空間の精度がどれほどあがり、リアルに近いものができあがったとしても、「すべて」を対象とする限り検索エンジンを使うことが前提になる。検索エンジンにも膨大な

他者のデータが活かされている可能性はあるが、膨大すぎてその痕跡はわからない。検索エンジンが導き出す結果は、自分がキーボードで入力したものだけだ。

だからインターネットしかないとすると、全世界を相手にしているようでいて、うんざりするほど自分とばかり向き合わねばならないのだ。現実に本が集まっている場面には、何らかの形で確実に他者の力が働いている。意図するしないにかかわらず、そこにある本は誰かの手を経てそこに集合しているはずなのだ。それが流通の作用であり、意味である。

前頁の写真は、さまざまな場所で本が集まっている様子をスナップしたものである。コーヒー豆を売る店の前では50円均一の古本がダンボールで売られ、どこからか手に入れた新しい雑誌を路上で売る人、買う人がいる。図書館ではリサイクル本が配布されることもあるし、ホテルのロビーや医院、床屋、銀行などには本や雑誌が置かれている。ターミナルにはフリーマガジンのラックがあり、郵便局や駅などで、ミニ文庫のようなものが設けられているのをみかけることもある。職場や学校の隅にも、そういうコーナーができているかもしれない。

デジタルにせよアナログにせよ、何かひとつの支配的な形式によって、本の環境が規定されることはもうあり得ないのだ。日本の場合はとりわけ取次―書店という機能の付加価値が高く、例外的に長い間総合的な書物環境というものを実現させてきた。そうした視点からすると、このモデルの相対的な縮小は何か致命的なダメージのように思える。けれども、書物の空間が衰えているわけではない。

新たなグランドデザインは、かつてのような統一された大きなシステムである必要はないのだ。本に出会う機会も空間も、いくつあ

っても構わないし、書店のビジョンもひととおりである必要はない。かつて本の取引はまちまちであり、目的の本を手に入れる、ということはそれほど重要ではなかった。そこにある本をとりあえず読み、読み終えれば誰かの手に渡った。そのように手渡される一冊と、アマゾンで取り出した一冊は同等である。そこに勝ち負けを見出すべきではない。

　書物の環境を総体として考えること、そこにあらゆる可能性をとりこむこと。そしてそれが許される社会であることが、21世紀の本と出版を持続させるただひとつの解である。

【文献ガイド】（* 印は引用・言及文献）

《第 1 章》
* アイゼンステイン, エリザベス『印刷革命』1983 年（別宮貞徳監訳、みすず書房、2001 年）.
* スタインバーグ, S. H.『西洋印刷文化史―グーテンベルクから 500 年』1955 年（高野彰訳、日本図書館協会、1985 年）.
* ベンヤミン, ヴァルター「複製技術時代の芸術作品」1936 年（浅井健二郎編訳・久保哲司訳『ベンヤミン・コレクション I 近代の意味』ちくま学芸文庫、1995 年）.

《第 2 章》
* アンダーソン, ベネディクト『定本　想像の共同体―ナショナリズムの起源と流行』1983 年（白石隆・白石さや訳、書籍工房早山、2007 年）.
岩波文庫編集部編『岩波文庫の 80 年』岩波文庫、2007 年．
* ウイリアムズ, レイモンド『文化と社会』1958 年（若松繁信・長谷川光昭訳、ミネルヴァ書房、2008 年）.
* ―――『完訳キイワード事典』1976 年（椎名美智ほか訳、平凡社ライブラリー、2011 年）.
* エンツェンスベルガー, ハンス・マグヌス『意識産業』1964 年（石黒英男訳、晶文社、1970 年）.
* 戸叶勝也『レクラム百科文庫―ドイツ近代文化史の一側面』朝文社、1995 年．
* 永嶺重敏『モダン都市の読書空間』日本エディタースクール出版部、2001 年．
* フェーヴル, リュシアン＆アンリ＝ジャン・マルタン『書物の出現』1958 年（関根素子ほか訳、ちくま学芸文庫、1998 年）.

《第 3 章》
荘司徳太郎・清水文吉編著『資料年表日配時代史―現代出版流通の原点』出版ニュース社、1980 年．
根本彰「日米比較を通してみる出版流通と図書館との関係」『図書館情報大学研究報告書』第 8 巻 2 号、1989 年

《第 4 章》
伊従　寛『出版再販　書籍・雑誌・新聞の将来は？』講談社、1996 年．
木下　修『書籍再販と流通寡占』アルメディア、1997 年．

《第 5 章》
『特別縮刷版 東日本大震災そのときメディア産業は』文化通信社．2011 年．
日沖桜皮編『阪神大震災と出版―33 名の報告と証言』日本エディタースクール出版部、1995 年．

《第 6・7 章》
植村八潮「出版の電子化と電子出版」川井良介ほか編『出版メディア入門』日本評論社、2006 年．
国立国会図書館「電子書籍の流通・利用・保存に関する調査研究」2009 年．
* 津野海太郎『本はどのように消えてゆくのか』晶文社、1996 年（電子書籍版 2011 年）.
日本電子出版協会『電子出版クロニクル』日本電子出版協会．2009 年．
萩野正昭『電子出版奮戦記』新潮社、2010 年（電子書籍版 2011 年）.
湯浅俊彦『電子出版学入門―出版メディアのデジタル化と紙の本のゆくえ 改訂 2 版』出版メディアパル、2010 年．

《第 8 章》
石川徹也・根本彰・吉見俊哉編『つながる図書館・博物館・文書館—デジタル化時代の知の基盤づくりへ』東京大学出版会、2011 年.
長尾　真・遠藤　薫・吉見俊哉編『書物と映像の未来—グーグル化する世界の知の課題とは』岩波書店、2010 年.

《第 9 章》
* 学術図書館研究委員会電子ジャーナル利用動向調査小委員会編「SCREAL 調査報告書：学術情報の取得動向と電子ジャーナルの利用度に関する調査　電子ジャーナル等の利用動向調査 2007」.
* 土屋　俊「学術情報流通の最近の動向」『電子情報環境下における大学図書館機能の再検討』2007 年、科学研究費補助金 (基盤研究 (B)) 研究成果報告書.
* 長谷川一『出版と知のメディア論—エディターシップの歴史と再生』みすず書房、2003 年.

《第 10 章》
津野海太郎編『オンライン書店の誘惑』晶文社、1998 年.
湯浅俊彦『デジタル時代の出版メディア』ポット出版、2000 年.

《第 11 章》
塩原亜紀「所蔵される書物—円本ブームと教養主義」横浜国大研究 20、2002 年.
柴野京子『書棚と平台—出版流通というメディア』弘文堂、2009 年.

《第 12 章》
南陀楼綾繁『一箱古本市の歩きかた』光文社新書、2009 年.
幅　允孝・千里リハビリテーション病院監修『つかう本』ポプラ社、2009 年.
* 松岡正剛『松岡正剛の書棚　松丸本舗の挑戦』中央公論新社、2010 年.

【出版や本について調べる・考える】

《現代日本の出版業界の概要・統計》
『よくわかる出版流通のしくみ』メディアパル.
日本出版学会編『白書出版産業』文化通信社.
『出版年鑑』出版ニュース社.
『出版指標年報』全国出版協会出版科学研究所.
『デジタルコンテンツ白書』デジタルコンテンツ協会.
『電子書籍ビジネス調査報告書』インプレス R&D インターネット生活研究所.
道吉　剛編『ダイヤグラムス本の環境　統計図表に見る出版の世界』出版メディアパル、2006 年.
Bowker, Book Industry Statistics
http://www.bowker.com/index.php/component/content/article/

《業界紙など》
「出版ニュース」
「新文化」
「文化通信」
Publishers Weekly

《出版・メディア・近代を考える》
佐藤健二『読書空間の近代』弘文堂、1987 年.
佐藤卓己『キングの時代―国民雑誌の公共性』岩波書店、2002 年.
永嶺重敏『雑誌と読者の近代』日本エディタースクール出版部、1997 年.
―――『「読書国民」の誕生―明治 30 年代の活字メディアと読書文化』日本エディタースクール出版部、2004 年.
前田　愛『近代読者の成立』岩波現代文庫、1973=2001 年.

あ と が き

　本や出版をめぐって産業論と文化史とをつなぐ、ベーシックな議論——この本を書くことになった出発点は、そのような至ってシンプルなものです。

　私たちが記憶する限り、本は常に身近にあるものでした。けれども、それを考えるのは思うほど簡単ではありません。あまり読まない人にとっては、本は苦手で面倒なものです。反対にそれを好む人や読み書きを職業とする人たちの間では、特別な思い入れをまとうことがあります。

　産業となればまた話は別です。出版という響きからは編集という仕事をイメージする人が多く、本屋さんということばにはかすかなノスタルジーさえ漂うのですが、それらは現実の経営や商売の話題とは相容れないことも少なくないのです。

　けれども書物のデジタル化という事態を迎えて、そうした個別の議論は成立しづらくなりました。逆にいえばデジタル化によって、本や出版というものを考えなおす新たなステージが用意された、ともいえるのです。デジタル化というと、とかくiPadやアマゾンなど、私企業の戦略によりかかった話題や、紙の本がなくなるといったステレオタイプが先行してしまうのですが、本当は、今までばらばらにあった本をめぐる議論を串刺しするチャンスであるはずなのです。

　大学で「出版論」のような名前の講義を担当するようになって、まず意識したのはそのことでした。出版業界に興味のある若い人たちに、産業界の基礎的な知識をもってもらうことも必要ですが、まさに過渡期にあるこの社会の中で、本の環境を担ってゆくために不

可欠なのは、そこに終始しない観点であるからです。そうして試行錯誤した講義ノートをひとつのベースに、広く一般の方にも読んでいただけるようにテーマを拾い直して、この本が生まれることになりました。

　11章は、拙著『書棚と平台』の3章に相当する部分を、ダイジェストして再録していますが、あとは本書のために書きおろしたものです。デジタル化については、できるだけ論点を整理したつもりですが、アクチュアルな話題もあえて取り入れています。電子出版の動向は、日々一刻と変わっていきますし、震災の影響や本の流通に関する新たな試みなど、原稿を書いた時点から変わっている部分、不十分な点もあるでしょう。

　それは、どうぞ新たな眼で修正を加えてください。本書の目的は斬新な論を提示することでも、未来を予想することでもありません。もしあなたが本書を踏台にして、書物の環境とはどういうものか考え、観察し、いつの日かそこに分け入って下さったなら、筆者としてこれほどの喜びはありません。

2011年12月
柴野京子

【著者紹介】
柴野京子（しばの きょうこ）
　上智大学文学部新聞学科助教。1962年生まれ。早稲田大学卒業後、東京出版販売株式会社（現株式会社トーハン）勤務を経て、2011年、東京大学大学院学際情報学府博士課程満期退学。東京大学大学院人文社会系研究科特任助教ののち現職。日本社会学会、日本出版学会、日本マス・コミュニケーション学会、メディア史研究会会員。
　主著『書棚と平台』（弘文堂、2009年）にて日本出版学会奨励賞受賞。編著『近代出版流通メディア資料集成—書籍雑誌業団体史編』（金沢文圃閣、2010年）ほか

書物の環境論　　　　　　　　　　　　　現代社会学ライブラリー　4

平成24年7月30日　初版1刷発行

著　者	柴野　京子
発行者	鯉渕　友南
発行所	株式会社 弘文堂　101-0062 東京都千代田区神田駿河台1の7　TEL 03(3294)4801　振替 00120-6-53909　http://www.koubundou.co.jp
装　丁	笠井　亞子
組　版	スタジオトラミーケ
印　刷	大盛印刷
製　本	井上製本所

Ⓒ2012　Kyoko Shibano. Printed in Japan

JCOPY　＜(社)出版者著作権管理機構　委託出版物＞

本書の無断複写は著作権法上での例外を除き禁じられています。複写される場合は、そのつど事前に、(社)出版者著作権管理機構（電話 03-3513-6969、FAX 03-3513-6979、e-mail: info@jcopy.or.jp）の許諾を得てください。
また本書を代行業者等の第三者に依頼してスキャンやデジタル化することは、たとえ個人や家庭内の利用であっても一切認められておりません。

ISBN978-4-335-50125-8

現代社会学ライブラリー

各巻平均160ページ、本体価格1200円　＊タイトル・刊行順は変更の可能性があります

【刊行予定】

1．	大澤 真幸	『動物的／人間的——1.社会の起原』	＊既刊
2．	舩橋 晴俊	『社会学をいかに学ぶか』	＊既刊
3．	塩原 良和	『共に生きる——多民族・多文化社会における対話』	＊既刊
4．	柴野 京子	『書物の環境論』	＊既刊
5．	吉見 俊哉	『アメリカの越え方——和子・俊輔・良行の抵抗と越境』	＊9月刊
6．	若林 幹夫	『社会(学)を読む』	＊9月刊
7．	桜井 厚	『ライフストーリー論』	＊9月刊
8．	武川 正吾	『福祉社会学の想像力』	＊9月刊
9．	大澤 真幸	『動物的／人間的——2.贈与という謎』	
10．	赤川 学	『社会問題の社会学』	
11．	佐藤 健二	『論文の書きかた』	
12．	島薗 進	『スピリチュアリティと現代宗教の変容』	

【続刊】

　大澤 真幸　『動物的／人間的——3.なぜ二種類の他者(だけ)が存在するのか』
　奥井 智之　『恐怖と不安の社会学』
　石原　俊　『〈群島〉の歴史社会学』
　大澤 真幸　『動物的／人間的——4.脳という社会』
　佐藤 卓己　『プロパガンダの社会学』
　竹ノ下 弘久　『仕事と不平等の社会学』
　西村 純子　『ジェンダーとライフコースの社会学』
　………………………………
市野川容孝、内田隆三、奥村隆、北田暁大、木下直之、佐藤嘉倫、土井隆義、
藤村正之……ほか執筆予定

信頼性の高い21世紀の〈知〉のスタンダード、ついに登場！
第一級の執筆陣850人が、変貌する現代社会に挑む

現代社会学事典

2012年10月刊行予定

【編集委員】大澤真幸・吉見俊哉・鷲田清一　　【編集顧問】見田宗介
【編集協力】赤川学・浅野智彦・市野川容孝・苅谷剛彦・北田暁大・塩原良和・島薗進・盛山和夫・太郎丸博・
　　　　　橋本努・舩橋晴俊・松本三和夫